JANE
of LANTERN HILL

Esta é uma publicação Principis, selo exclusivo da Ciranda Cultural
© 2020 Ciranda Cultural Editora e Distribuidora Ltda.

Traduzido do original em inglês
Jane of Lantern Hill

Texto
Lucy Maud Montgomery

Tradução
Rafael Bonaldi

Preparação
Adriane Gozzo

Revisão
Fernanda R. Braga Simon

Produção editorial e projeto gráfico
Ciranda Cultural

Imagens
Nimaxs/shutterstock.com;
Ola-ola/shutterstock.com

Dados Internacionais de Catalogação na Publicação (CIP) de acordo com ISBD

M787j	Montgomery, Lucy Maud
	Jane de Lantern Hill / Lucy Maud Montgomery ; traduzido por Rafael Bonaldi. - Jandira, SP : Principis, 2020.
	256 p. ; 15,5cm x 22,6cm. - (Literatura Clássica Mundial)
	Tradução de: Jane of Lantern Hill
	Inclui índice.
	ISBN: 978-65-5552-169-6
	1. Literatura infantojuvenil. 2. Literatura canadense. I. Bonaldi, Rafael. II. Título. III. Série.

CDD 028.5

2020-2414

CDU 82-93

Elaborado por Vagner Rodolfo da Silva - CRB-8/9410

Índice para catálogo sistemático:
1. Literatura infantojuvenil 028.5
2. Literatura infantojuvenil 82-93

1ª edição em 2020
www.cirandacultural.com.br
Todos os direitos reservados.
Nenhuma parte desta publicação pode ser reproduzida, arquivada em sistema de busca ou transmitida por qualquer meio, seja ele eletrônico, fotocópia, gravação ou outros, sem prévia autorização do detentor dos direitos, e não pode circular encadernada ou encapada de maneira distinta daquela em que foi publicada, ou sem que as mesmas condições sejam impostas aos compradores subsequentes.

SUMÁRIO

Capítulo 1 9

Capítulo 2 14

Capítulo 3 23

Capítulo 4 28

Capítulo 5 33

Capítulo 6 38

Capítulo 7 44

Capítulo 8 49

Capítulo 9 52

Capítulo 10 59

Capítulo 11 63

Capítulo 12 67

Capítulo 13 71

Capítulo 14 76

Capítulo 15 84

Capítulo 16 88

Capítulo 17 96

Capítulo 18 102

Capítulo 19 112

Capítulo 20 116

Capítulo 21 121

Capítulo 22 125

Capítulo 23 132

Capítulo 24 140

Capítulo 25 144

Capítulo 26 154

Capítulo 27 163

Capítulo 28 168

Capítulo 29 175

Capítulo 30 181

Capítulo 31 184

Capítulo 32 191

Capítulo 33 195

Capítulo 34 198

Capítulo 35 205

Capítulo 36 211

Capítulo 37 217

Capítulo 38 225

Capítulo 39 233

Capítulo 40 239

Capítulo 41 246

Capítulo 42 250

Capítulo 43 253

À memória de "Lucky"
O camarada charmoso e carinhoso de 14 anos

CAPÍTULO 1

Jane sempre achou que a Rua da Alegria não fazia jus ao nome.

Não tinha dúvida de que era a rua mais melancólica de Toronto... embora não tivesse passado por muitas ruas em seus onze anos de idas e vindas pela cidade.

"A Rua da Alegria deveria ser ALEGRE, com casas simpáticas e alegres em meio a flores que exclamariam 'como vai?' ao passarmos por elas, com árvores que acenariam e janelas que piscariam para nós ao entardecer", pensava Jane. Em vez disso, era sombria e lúgubre, ladeada de casas com muros de tijolos tradicionais e nefastos, encardidos pelo tempo, cujas janelas altas, fechadas e cobertas jamais cogitariam piscar para alguém. As árvores da Rua da Alegria eram tão antigas, grandes e imponentes que era difícil considerá-las árvores em comparação àquelas coisinhas desamparadas nos vasos verdes, à entrada do posto de gasolina na esquina oposta. Vovó ficou furiosa quando a velha casa dos Adams foi demolida e o novo posto branco e vermelho foi construído no lugar. Não deixava que Frank abastecesse lá. "No entanto, era o único lugar alegre da rua", pensava Jane.

Jane morava no número 60. Era uma construção imensa e acastelada, com pilares no pórtico de entrada, janelas georgianas altas e arqueadas, torres e torreões em todos os cantos imagináveis. Uma cerca de ferro a protegia, com portões de ferro forjado – cujo estilo estivera na moda em Toronto, em outros tempos – que eram fechados e trancados por Frank à noite, o que causava em Jane uma sensação muito desagradável de ser prisioneira.

O terreno ao redor do número 60 era maior que na maioria das outras casas da rua. Havia um gramado considerável na frente, apesar de a grama não crescer direito por causa da fileira de árvores velhas do lado de dentro da cerca, e um bom espaço entre a lateral da casa e a rua Bloor, embora insuficiente para abafar o barulho incessante da via, que se tornava mais movimentada na esquina com a Rua da Alegria. As pessoas se perguntavam por que a velha senhora Robert Kennedy continuava morando ali se era rica e podia comprar uma das casas novas e adoráveis na Forest Hill ou na Kingsway. Os impostos de uma propriedade do porte da de número 60 deviam ser exorbitantes, e a casa era bem antiquada. A senhora Kennedy sorria com desdém quando tocavam no assunto, mesmo que fosse pelo filho, William Anderson, único membro da primeira família que ela respeitava, pois tornara-se bem-sucedido nos negócios e rico por mérito próprio. Ela nunca o amou, mas ele fizera por merecer seu respeito.

A senhora Kennedy estava perfeitamente satisfeita com o número 60. Chegara ali recém-casada com Robert Kennedy, na época em que a Rua da Alegria era um dos endereços mais prestigiados, e a casa, construída pelo pai de Robert, uma das "mansões" mais finas de Toronto. Isso jamais mudara aos olhos da anfitriã, que ali morava havia quarenta e cinco anos e pretendia ficar pelo resto da vida. Aqueles que não quisessem que fossem embora. Ela dissera isso com olhar sarcástico a Jane, que nunca afirmou não gostar da Rua da Alegria. No entanto, Jane descobrira havia muito tempo que a avó sabia ler mentes.

Certa vez, em uma manhã cinzenta de muita neve, enquanto esperava no Cadillac que Frank a levasse à St. Agatha, como fazia todos os dias, ela ouviu duas mulheres paradas na esquina conversando.

– Já viu uma casa mais morta que essa? – disse a mais jovem. – Parece que está morta há décadas.

– Aquela casa morreu trinta anos atrás, quando Robert Kennedy faleceu – disse a mais velha. – Já foi um lugar cheio de vida. Nenhuma outra em Toronto dava tantas festas. Robert Kennedy tinha vida social agitada. Era um homem muito bonito e afável. As pessoas não entendiam como acabou se casando com a senhora James Anderson... viúva com três filhos. O nome de solteira dela é Victoria Moore, sabe? É filha do velho coronel Moore... vem de uma família muito aristocrática. Era muito linda na época e caidinha por ele! Ah, ela o venerava. Dizem que o vigiava constantemente. E que não dava a mínima para o primeiro marido. Robert Kennedy morreu depois de quinze anos de casado... logo após o nascimento da primeira filha, pelo que ouvi falar.

– Ela mora sozinha naquele castelo?

– Oh, não. As duas filhas moram com ela. Uma delas é viúva, ou algo do tipo... E também uma neta, creio. Dizem que a velha senhora Kennedy é uma tirana; todavia, a filha mais nova, a viúva, vai a todos os eventos anunciados no jornal *Saturday Evening*. É muito formosa... e como se veste bem! É filha do Kennedy e puxou ao pai. Ela deve detestar receber os amigos. Esse lugar é pior que morto... é decrépito. Lembro-me de quando essa rua era uma das mais badaladas para morar. Veja só agora.

– Um nobre maltrapilho.

– Nem isso. Ora, o número 58 é uma pensão. Mas a velha senhora Kennedy manteve a casa em bom estado, apesar de a tinta estar começando a descascar nas sacadas, como pode ver.

– Bem, fico feliz por não morar na Rua da Alegria – riu a outra, conforme corriam para pegar o bonde.

"Não me admira", pensou Jane. Se bem que ela não saberia dizer onde gostaria de morar se não fosse no número 60 da Rua da Alegria. A maioria das ruas pelas quais passava a caminho da St. Agatha era feia e desinteressante, tendo em vista que a escola particular muito cara e exclusiva que a avó a obrigava a frequentar se encontrava agora em uma área desvalorizada e populosa. Entretanto, aquilo não fazia diferença... a St. Agatha seria a St. Agatha até no deserto do Saara.

A casa de tio William Anderson, em Forest Hill, era muito bonita, com jardins impecáveis e trilhas de pedras. Mesmo assim, ela não gostaria de morar lá. Dava até medo de caminhar pelo gramado estimado de tio William e estragar alguma coisa. Era preciso manter-se nas trilhas de pedras. E Jane queria correr. Também não era permitido correr na St. Agatha, exceto na hora de brincar. E Jane não era boa em brincadeiras; sempre se sentia encabulada. Aos onze anos, tinha a altura da maioria das garotas de treze. Era a menina mais alta da classe. As outras não gostavam disso e faziam com que Jane se sentisse como se não se encaixasse em nenhum lugar.

Contudo, no número 60... alguém já havia corrido naquela casa? Jane acreditava que a mãe já fizera isso... Os passos da mãe eram tão leves que seus pés pareciam ter asas. Um dia, Jane acreditou que a avó havia saído e ousou correr da porta da frente até a dos fundos, atravessando a extensa casa, que ocupava metade do comprimento do quarteirão, enquanto cantava a plenos pulmões, quando a avó surgiu da sala de café da manhã com o sorriso no rosto lívido que Jane detestava.

– Qual é o motivo de toda essa algazarra, Victoria? – perguntou, com aquela voz sedosa que Jane detestava ainda mais.

– Estava só me divertindo – explicou Jane. Parecia tão simples. Entretanto, a avó sorriu outra vez e disse, como só ela era capaz dizer:

– Se eu fosse você, não faria isso de novo, Victoria.

Jane não voltou a fazer aquilo. Era o efeito que a avó exercia sobre ela, apesar de ser tão nanica e encarquilhada... tão baixinha que Jane, com sua languidez e as pernas compridas, era quase da mesma altura.

Jane detestava ser chamada de Victoria. Mas todo mundo a chamava assim, exceto a mãe, que a chamava de Jane Victoria. Ela sabia que a avó se ressentia disso... que, por alguma razão desconhecida, a avó odiava o nome Jane. Jane gostava... e nunca se imaginara com outro nome. Ela sabia que se chamava Victoria em homenagem à avó, mas não fazia ideia de onde vinha o nome Jane. Não havia nenhuma Jane nas famílias Kennedy e Anderson. Aos onze anos, começava a suspeitar de que vinha dos Stuarts – o que entristecia Jane, pois não era agradável pensar que ganhara seu nome favorito graças ao pai. Jane o odiava com todo o ódio que cabia em um coraçãozinho incapaz de detestar qualquer pessoa, até a avó. Às vezes, receava odiar a avó – o que seria horrível, sendo que ela a alimentava, a vestia e a educava. Jane sabia que deveria amar a avó... porém, era muito difícil. Aparentemente, a mãe achava fácil; todavia, a avó a amava, o que fazia uma grande diferença. A avó a amava como nunca amara mais ninguém no mundo. E também amava Jane, sem dúvida. Mas Jane sentia, embora ainda não se desse conta disso, que a avó não gostava do fato de a filha dela amar tanto a própria filha.

– Você a mima demais – dissera a avó, certo dia, com menosprezo, quando Jane estava com dor de garganta.

– Ela é tudo que tenho – respondera a mãe.

O rosto pálido da avó enrubesceu.

– Eu não sou nada, decerto – retrucou.

– Oh, mamãe, mamãe, você sabe que eu não quis dizer ISSO – lamentou, agitando as mãos como sempre fazia a garota pensar em duas pequenas borboletas brancas. – Quero dizer... quero dizer que... ela é minha única filha.

– E o seu amor por aquela criança... a filha dele... é maior que o amor que você tem por mim!

– Maior, não... só diferente – suplicou a mãe.

– Ingrata! – Quanto veneno a avó conseguia imbuir em apenas uma palavra! Ela então saiu da sala, com o rosto ainda corado e os olhos azul-claros flamejando sob os cabelos ruços.

CAPÍTULO 2

– Mamãe – disse Jane, apesar das amígdalas inchadas –, por que a vovó não quer que você me ame?

– Querida, não é bem assim – respondeu a mãe, curvando-se para dar um beijo na filha, que parecia uma flor sob a luz rósea do abajur.

Mas Jane sabia que era. Compreendia por que a mãe raramente a beijava ou lhe fazia carinho na presença da avó. Aquilo despertava uma raiva furtiva e petrificante que parecia congelar o ar ao redor dela. Jane era grata por a mãe não fazer isso com frequência. Ela compensava quando estavam sozinhas... Não obstante, as duas quase nunca conseguiam ficar a sós. Mesmo nesse dia em questão, passariam pouco tempo juntas, pois a mãe ia a um jantar. Ia a algum evento quase todas as noites e quase todas as tardes. Jane adorava vê-la momentos antes de sair de casa. A mãe sabia disso e geralmente inventava algum pretexto para que a filha pudesse admirá-la. Usava vestidos lindos que sempre a deixavam deslumbrante. Jane estava certa de ter a mãe mais bonita do mundo. Começava a se indagar como uma pessoa tão bela podia ter uma filha tão insossa e desajeitada como ela.

– Você nunca será bonita... sua boca é grande demais – dissera a ela uma das garotas da escola.

A boca de mamãe era como um botão de rosa, pequena e vermelha, com uma covinha em cada canto. Os olhos dela eram azuis... mas não do mesmo tom gélido dos da vovó. Olhos azuis podem ser muito diferentes. Os de mamãe eram da cor do céu em uma manhã de verão, em meio às imensas massas de nuvens brancas. Os cabelos dela formavam ondas douradas e lustrosas, que, naquela noite, haviam sido penteadas para trás; alguns cachinhos estavam presos atrás das orelhas, e uma fileira deles pendia sob a nuca alva. Ela usava um vestido de tafetá amarelo-claro, com uma grande rosa aveludada de um amarelo intenso presa em um dos ombros elegantes. Jane achou que ela parecia uma princesa dourada, com o cintilar sutil do bracelete de diamantes em contraste com a pele acetinada. Vovó havia lhe dado a joia de presente de aniversário, na semana anterior. Mamãe vivia ganhando coisas adoráveis da vovó. Ela também escolhia todas as roupas para mamãe... vestidos, chapéus e echarpes maravilhosos. Jane não sabia que as pessoas comentavam que a senhora Stuart estava sempre arrumada demais; todavia, tinha a impressão de que mamãe preferia roupas mais simples e apenas fingia gostar das coisas luxuosas que vovó lhe comparava para não ferir os sentimentos dela.

Jane sentia muito orgulho da beleza da mãe e deleitava-se ao ouvir as pessoas cochichar: "Ela não é encantadora?". Ela quase se esqueceu da garganta dolorida enquanto assistia à mãe vestir a echarpe com um rico brocado, da mesma cor dos olhos dela, e uma espessa gola cinzenta de pele de raposa.

– Oh, como você está magnífica, mamãe! – disse, tocando a bochecha dela quando a mãe se abaixou para beijá-la. Era como tocar a folha de uma roseira. E os cílios pareciam leques de plumas repousando sobre o rosto. Jane sabia que algumas pessoas ficavam mais bonitas se admiradas a certa distância; com mamãe, porém, era o oposto.

– Querida, está se sentindo mal? Detesto ter que deixar você, mas...

Ela não terminou, e Jane sabia a continuação da frase: "... a vovó se zangaria se eu não fosse."

– Estou ótima – disse Jane de modo ao mesmo tempo gentil e galante. – Mary tomará conta de mim.

No entanto, assim que ouviu o farfalhar do vestido de tafetá desaparecer a distância, Jane sentiu um nó na garganta que não tinha nada que ver com as amígdalas. Seria tão fácil chorar... mas ela não se permitiu. Anos atrás, quando tinha cerca de cinco anos, ouviu a mãe dizer, com orgulho: "Jane nunca chora. Ela não chorava nem quando era bebê". Desde então, ela não deixou mais as lágrimas rolar, nem se estivesse sozinha na cama, à noite. Mamãe tinha poucos motivos para se orgulhar dela; Jane não podia lhe dar outra decepção.

Ela se sentia terrivelmente solitária. As janelas altas estremeciam, e a casa imensa parecia repleta de ruídos e sussurros hostis. Jane desejou que Jody pudesse vir e lhe fazer companhia, mesmo sabendo que seria impossível. Jamais se esqueceria da única vez em que Jody visitara a casa número 60 da Rua da Alegria.

– Bem, pelo menos não terei que ler a Bíblia para elas hoje – disse Jane, tentando ver o lado positivo, apesar da garganta dolorida e da dor de cabeça.

"Elas" eram a avó e a tia Gertrude. E ocasionalmente a mamãe, que quase nunca estava em casa. Todas as noites, antes de dormir, Jane tinha que ler um capítulo da Bíblia para a avó e a tia Gertrude. Não havia nada nas vinte e quatro horas do dia que ela odiasse mais fazer. E Jane sabia muito bem que era por isso que a avó a obrigava.

Elas sempre escolhiam a sala de estar para a leitura, e Jane invariavelmente estremecia ao entrar ali. O cômodo vasto e requintado, tão abarrotado de badulaques que era difícil se mover sem derrubar alguma coisa, parecia frio até nas noites mais quentes de verão. E, nas noites de inverno, era gelado. A tia Gertrude pegava a enorme Bíblia da família, com o pesado fecho de metal, da mesinha de centro com tampo de mármore e a colocava em uma mesa entre as janelas. Em seguida, a avó e ela se sentavam em cada extremo, e Jane se acomodava entre as duas, sob o olhar severo do velho retrato do bisavô Kennedy em sua moldura dourada manchada, flanqueada pelas cortinas de veludo azul. Aquela mulher na rua falara que o avô Kennedy era um homem muito amável, só que o mesmo não podia ser dito do pai dele. Jane sempre achou, honestamente, que ele parecia capaz de partir um prego em dois com uma mordida.

– Abra no capítulo catorze do Êxodo – dizia a avó. O capítulo variava todas as noites, é claro, mas não seu tom de voz. Jane ficava tão tensa que geralmente se atrapalhava para encontrar a página certa. E a avó, com aquele sorrisinho que parecia dizer "nem isso você saber fazer direito", estendia a mão magra e enrugada cheia de anéis caros e antiquados e abria no lugar exato, com uma precisão assombrosa. Jane lia o capítulo aos trancos e barrancos, pronunciando errado, de tanto nervosismo, palavras que conhecia perfeitamente. Às vezes, a avó falava "Um pouco mais alto, Victoria. Achei que aquela escola para onde enviei você lhe tivesse ensinado pelo menos a abrir a boca ao ler, mesmo que não lhe tenha ensinado Geografia e História". E Jane levantava a voz tão repentinamente que tia Gertrude dava um pulo na cadeira. Já na noite seguinte, ela ouvia "Não tão alto, Victoria. Não somos surdas". E a voz da coitada se tornava um mero sussurro.

Para encerrar, a avó e tia Gertrude abaixavam a cabeça e rezavam um Pai-Nosso. Jane tentava acompanhá-las, o que era difícil, porque a avó costumava estar duas palavras à frente de tia Gertrude. A menina sempre dizia "amém" com alívio. Aquela linda prece, coroada por séculos de adoração e devoção, havia se transformado em tortura para Jane. Tia Gertrude fechava a Bíblia e a recolocava milimetricamente no mesmíssimo lugar, no centro da mesinha. Por fim, Jane tinha que dar um beijo de boa noite nas duas. A avó sempre permanecia sentada na cadeira, e ela se inclinava para lhe dar um beijo na testa.

– Boa noite, vovó.

– Boa noite, Victoria.

Tia Gertrude ficava parada ao lado da mesinha, e Jane precisava ficar na ponta dos pés para beijar seu rosto estreito e macilento, pois a tia era alta e se abaixava só um pouco.

– Boa noite, tia Gertrude.

– Boa noite, Victoria – dizia com a voz aguda e fria.

Jane então saía da sala e, se tivesse um pouco de sorte, o que não era comum a ela, não derrubava nada.

– Quando crescer, nunca mais vou ler a Bíblia ou repetir aquela oração – cochichava para si mesma enquanto subia a escadaria longa e magnificente, que já fora sensação em Toronto.

Uma noite, a avó sorriu e disse:

– Qual é a sua opinião sobre a Bíblia, Victoria?

– Acho muito chata – respondeu Jane com franqueza. O capítulo da vez fora cheio de "hastes", "cálices" e outros termos que a garota não fazia a mínima ideia do que significavam.

– Ah! E você pensa que sua opinião vale alguma coisa? – disse a avó, com um sorriso nos lábios finos.

– Então, por que perguntou? – Jane foi severamente repreendida pela impertinência, mesmo sem a menor intenção de parecer impertinente. Naquela noite, subiu as escadas odiando a casa número 60 da Rua da Alegria, o que não foi nenhuma surpresa. E não queria odiá-la. Desejava amá-la... ser sua amiga... e transformá-la. Porém, Jane não conseguia amá-la... aquela casa inamistosa... que não queria nenhuma novidade. Tia Gertrude e Mary Price, a cozinheira, e Frank Davis, o caseiro e chofer, faziam tudo por ali. Tia Gertrude não permitia que a avó contratasse uma empregada, porque preferia cuidar da casa sozinha. A delgada, austera e reservada tia Gertrude, tão diferente da mamãe que Jane mal acreditava que fossem meias-irmãs, era um arauto da ordem e da organização. No número 60 da Rua da Alegria, tudo precisava ser feito de um jeito e em um dia específicos. A casa era assustadoramente limpa. Os olhos cinzentos e severos de tia Gertrude não toleravam nem uma partícula de poeira. Passava o dia colocando as coisas nos devidos lugares e realizando todas as tarefas. Nem a mamãe tinha muito o que fazer, exceto arrumar as flores sobre a mesa e acender as velas quando havia companhia para o jantar. Jane adoraria fazer isso. E adoraria polir a prataria e cozinhar. Mais que tudo, adoraria cozinhar. Às vezes, quando a avó saía, ela ia para a cozinha e observava a bem-humorada Mary Price preparar as refeições. Parecia tão fácil... Jane tinha certeza de que, se tivesse permissão, faria tudo com maestria. Devia ser muito divertido. O aroma era quase tão bom quanto o gosto. Só que Mary Price nunca deixava. Sabia que a velha patroa não aprovava que a senhorita Victoria conversasse com a criadagem.

– Victoria gostaria de ser doméstica – disse a avó em um almoço de domingo em que tio William, tia Minnie, tio David Coleman e tia Sylvia Coleman estavam presentes, como de costume. Vovó era mestre em fazê-la se sentir ridícula na frente das visitas. Jane se perguntou o que ela diria se soubesse que Mary Price, por causa da correria daquele dia, deixara a menina lavar a alface para a salada. Ela não tocaria em uma folha sequer.

– Ora, e uma garota não deveria saber fazer os serviços domésticos? – perguntou tio William, não porque quisesse defender Jane, mas porque nunca perdia a oportunidade de afirmar que lugar de mulher era dentro de casa. – Toda jovem deveria saber cozinhar.

– Não creio que Victoria deseje aprender a cozinhar – disse a avó. – Ela só gosta de passar tempo na cozinha e em lugares do tipo.

A entonação da avó insinuava que Victoria tinha mau gosto e que a cozinha não era um lugar respeitável. Jane se perguntou por que o rosto da mamãe corou de repente e um brilho estranho e rebelde surgiu nos olhos dela por um instante. Apenas por um instante.

– Como você está se saindo na St. Agatha, Victoria? – perguntou tio William. – Vai passar de ano?

Jane não sabia. Aquele medo a assombrava dia e noite. Ela sabia que seus boletins mensais não tinham sido muito bons... A avó ficara muito brava, e mamãe chegou a lhe suplicar que se empenhasse um pouco mais. Jane fazia o melhor que podia. Todavia, História e Geografia eram disciplinas muito chatas. Aritmética e Gramática eram mais fáceis. Jane era brilhante em Matemática.

– Ouvi dizer que Victoria escreve redações maravilhosas – disse a avó com sarcasmo. Por algum motivo do qual Jane não fazia menor ideia, sua habilidade de fazer boas redações nunca agradara a avó.

– *Tsc, tsc* – fez tio William. – Victoria pode melhorar as notas se quiser. É só estudar com mais afinco. Está se tornando uma mocinha e precisa entender isso. Qual é a capital do Canadá, Victoria?

Jane sabia perfeitamente bem qual era a capital do Canadá, só que a pergunta do tio a pegara de surpresa, e todos os convidados pararam de comer para ouvir... E, por um instante, o nome desapareceu de sua mente. Ela corou... e gaguejou... e se contorceu. Se tivesse olhado para a mãe, teria visto os lábios dela formar a palavra em silêncio, mas Jane não conseguiu olhar para ninguém. Estava pronta para morrer de vergonha.

– Phyllis – disse tio William, com expressão indecifrável –, diga a Victoria qual é a capital do Canadá.

Phyllis prontamente respondeu:

– Ottawa.

– O-t-t-a-w-a – soletrou tio William para Jane. Ela sentia que todos, com exceção da mãe, a estudavam em busca de alguma falha. Tia Sylvia Coleman colocou na ponta do nariz um par de óculos presos a um cordão preto e a encarou como se quisesse descobrir como realmente era aquela garota que não sabia a capital do próprio país. Jane, paralisada sob o peso do olhar dela, derrubou o garfo e estremeceu ao perceber o olhar da avó, que tocou a sineta de prata.

– Davis, poderia trazer outro garfo para a senhorita Victoria? – disse, insinuando que Jane já havia usado garfos suficientes.

Tio William colocou ao lado da travessa o pedaço de carne de frango que acabara de fatiar. Jane torceu para que ele lhe desse aquela fatia. Não comia carne branca com frequência. Quando tio William não estava ali, Mary destrinchava o frango na cozinha, e Frank se encarregava da travessa. Ela raramente ousava se servir, porque sabia que a avó a estava vigiando. Em uma ocasião, ao pegar dois míseros pedacinhos do peito, ela falou:

– Querida Victoria, não se esqueça de que talvez as outras pessoas também queiram uma fatia do peito.

Jane refletiu que teria sorte se ganhasse uma coxa. Tio William era bem capaz de lhe dar o pescoço como castigo por não ter respondido qual era a capital do Canadá. Entretanto, tia Sylvia colocou em seu prato uma porção dupla de nabos. Jane detestava nabo.

– Você não parece estar com muito apetite, Victoria – observou agudamente tia Sylvia em tom de reprovação, ao reparar que o monte de nabos não estava diminuindo.

– Oh, Victoria tem um belo apetite – comentou a avó, como se o apetite fosse a única coisa digna de nota em Jane. Ela sempre tinha a impressão de que a avó dizia muito mais do que suas palavras pretendiam. Jane sentiu-se tão desolada que teria quebrado a promessa de nunca chorar se não tivesse olhado para a mãe. A expressão dela era tão doce e compreensiva que Jane recobrou o ânimo e simplesmente parou de se esforçar para comer os nabos.

A filha de tia Sylvia, Phyllis, que frequentava a Hillwood Hall, uma escola mais nova e muito mais cara que a St. Agatha, sabia não só a capital do Canadá como também a de todas as províncias do Domínio[1]. Jane não gostava de Phyllis. Às vezes, achava que havia algo errado consigo mesma por não gostar de tantas pessoas. Só que Phyllis era tão condescendente... E ela odiava que a tratassem com pena.

---

1 Chamavam-se "domínios" as nações semi-independentes que constituíam o Império Britânico. (N. T.)

– Por que não gosta de Phyllis? – perguntou a avó certa vez, com aquele olhar que parecia capaz de enxergar através de paredes e portas, e tudo mais, até alcançar seu âmago. "Ela é bonita, refinada, bem-comportada e esperta... tudo que você não é", Jane podia apostar que ela teria acrescentado com prazer.

– Ela me trata com condescendência – disse Jane.

– Será que você sabe mesmo o significado de todas as palavras difíceis que usa, querida Victoria? E será que... por acaso... não está com um pouquinho de inveja de Phyllis?

– Não, acho que não – disse Jane com firmeza. Ela sabia que não tinha inveja de Phyllis.

– Oh, é claro, ela é muito diferente daquela sua amiga. – O desprezo na voz da avó acendeu uma centelha de raiva nos olhos de Jane. Ela não aceitava que alguém diminuísse Jody. Contudo, o que poderia fazer?

CAPÍTULO 3

Jody e ela eram amigas havia um ano. Jody tinha os mesmos onze anos de vida que Jane e também era alta para a idade... ainda que não tivesse a mesma robustez. Jody era magricela e franzina e parecia nunca ter tido o suficiente para comer na vida... o que provavelmente era verdade, ainda que morasse em uma pensão: o número 58 da Rua da Alegria, que já fora uma residência elegante e agora não passava de uma hospedaria miserável.

Em um anoitecer da primavera do ano anterior, Jane estava sentada em um banco rústico do caramanchão abandonado no quintal do número 60. A mamãe e a avó haviam saído, e tia Gertrude estava de cama com um resfriado forte, porque do contrário Jane não estaria ali fora. Ela se esgueirara para admirar a lua cheia... Jane tinha motivos particulares para gostar de olhar a lua... e a cerejeira coberta de flores brancas no quintal vizinho. A árvore, adornada pela lua como uma grande pérola, era tão linda que Jane sentiu uma sensação estranha ao contemplá-la... como se quisesse chorar. E então... ela percebeu que havia alguém realmente chorando no quintal da casa 58. O som abafado e melancólico, quase palpavelmente doloroso, chegava até ela com clareza através da noite cristalina de primavera.

Jane se levantou, saiu do caramanchão, passou pela garagem e pela casinha de cachorro solitária que nunca tivera um morador... até onde Jane sabia, pelo menos... e foi até a cerca que já fora de ferro e agora era apenas uma barreira de tábuas pontudas entre as casas 60 e 58. Havia um vão atrás da casinha onde uma das tábuas se quebrara em meio ao emaranhado de trepadeiras, e Jane, ao espremer-se por ele, descobriu-se no quintal desmazelado do número 58. Ainda estava claro, e ela pôde ver uma garotinha encolhida entre as raízes da cerejeira, soluçando amargamente com o rosto entre as mãos.

– Você precisa de ajudar? – perguntou Jane.

Embora não tivesse consciência disso, aquelas palavras eram a epítome de sua personalidade. Qualquer pessoa teria dito "o que foi?", mas Jane sempre queria ajudar. E, ainda que fosse muito jovem para perceber, a tragédia de sua curta existência era que ninguém queria ajudá-la... nem mesmo a mamãe, que tinha tudo que pudesse desejar.

A criança sob a cerejeira parou de chorar e se levantou. Olhou para Jane, Jane olhou para ela, e algo aconteceu entre as duas. Muitos anos depois, Jane disse: "Eu sabia que éramos iguais". Jane viu uma menina da mesma idade que ela, com um rostinho muito branco, sob uma franja espessa e retilínea de cabelos pretos que cobria a testa. Os cabelos pareciam que não eram lavados havia muito tempo, mas os olhos que escondiam eram castanhos e belos, de um tom diferente do marrom-dourado dos de Jane, semelhantes ao malmequer; e os dela pareciam sempre sorrir, enquanto os daquela menina eram escuros e muito tristes... tão tristes que o coração de Jane fez algo esquisito. Ela sabia muito bem que uma pessoa tão jovem não deveria ter olhos tão tristes.

A garota usava um vestido azul velho e horroroso que claramente pertencera a outra pessoa. Era longo e elaborado e estava sujo e com manchas de gordura. Pendia dos ombros frágeis dela como um trapo pendurado em um espantalho. No entanto, o vestido não tinha importância para Jane. Ela só conseguia pensar naqueles olhos intrigantes.

Jane de Lantern Hill

– Você precisa de ajuda? – repetiu.

A menina balançou a cabeça, e uma enxurrada de novas lágrimas brotaram dos olhos grandes.

– Veja – ela apontou.

Jane viu entre a árvore e a cerca o que parecia ser um canteiro grosseiro, com pétalas de rosas espalhadas e pisoteadas.

– Foi o Dick que fez isso. Foi de propósito... Ele sabia que era meu jardim. A senhorita Summers recebeu essas rosas de aniversário na semana passada... doze grandes rosas vermelhas... E nesta manhã ela disse que havia se enjoado e as jogou no lixo. Não resisti... Elas ainda estavam tão lindas! Aí, fiz um canteiro para elas. Sabia que não durariam muito... Mas eram lindas, e fingi que tinha meu próprio jardim... E então... o Dick veio aqui e as pisoteou... e RIU.

Ela voltou a soluçar. Jane não sabia quem era Dick, mas naquele momento o teria esganado alegremente com as mãozinhas fortes e habilidosas. Ela a abraçou.

– Acalme-se, não chore. O que acha de pegarmos vários galhinhos da cerejeira e colocá-los no seu jardim? Eles durarão mais que as rosas... Imagine como ficará belo sob o luar!

– Tenho medo de fazer isso. A senhorita West pode ficar brava.

Jane descobriu outro ponto que tinham em comum. Então, aquela garota também tinha medo das pessoas.

– Bem, que tal subir naquele galho comprido e ficar admirando a lua? – disse Jane. – Acha que isso irritaria a senhorita West?

– Acredito que não. Ela já se zangou comigo nesta noite porque tropecei com uma bandeja de taças enquanto servia o jantar e três delas se quebraram. Disse que, se eu continuar assim... também derrubei sopa no vestido de seda da senhorita Thatcher na noite passada... terá que me mandar embora.

– Para onde você iria?

– Não sei. Não tenho para onde ir. Ela diz que não valho o que como e que me mantém aqui por caridade.

– Qual é seu nome? – perguntou Jane. Elas haviam escalado a árvore com a agilidade de duas gatinhas. A candura das flores as envolvia, isolando-as em um mundo perfumado só delas.

– Josephine Turner. Mas todos me chamam de Jody. – Jody! Jane realmente adorou.

– O meu é Jane Stuart.

– Pensei que fosse Victoria. Foi o que disse a senhorita Stuart.

– É Jane – disse, resoluta. – Na realidade, meu nome é Jane Victoria, só que *eu* sou a Jane. E, agora – acrescentou de maneira extremamente bruca –, vamos nos conhecer.

Naquela noite, antes de voltar pelo vão da cerca, Jane descobriu praticamente tudo sobre Jody. Os pais haviam morrido... quando ela ainda era bebê. A prima da mãe dela, cozinheira da casa, a acolheu e teve permissão de mantê-la no número 58 desde que não saísse da cozinha. Tia Millie morrera dois anos atrás, e Jody acabou "ficando por ali". Ajudava a nova cozinheira... descascando batatas, lavando pratos, varrendo, tirando o pó, indo à cidade, polindo talheres... e recentemente fora promovida para servir à mesa. Dormia em um cubículo no sótão quente no verão e frio no inverno, vestia roupas usadas que os hóspedes lhe davam e ia à escola sempre que não havia trabalho extra. Nunca alguém a elogiava ou lhe dava atenção... exceto Dick, sobrinho e queridinho da senhorita West, que a atormentava e a chamava de "menina da caridade". Jody o odiava. Uma vez, quando todos haviam saído, ela entrou de fininho na sala e tocou algumas notas no piano. Dick a delatou para a senhorita West, que a proibiu de se aproximar do piano.

– Adoraria aprender a tocar – disse com tristeza. – Isso e um jardim são as únicas coisas que desejo. Gostaria muito de ter um jardim.

Jane se perguntou de novo por que as coisas eram assim. Não gostava de tocar piano, mas a avó a obrigava a ter aulas de música. Jane praticava religiosamente só para agradar à mãe. E ali estava a pobre Jody, ansiando por um pouco de música.

– Você não acha que poderia ter um pequeno jardim? – perguntou Jane. – Há espaço de sobra aqui, e seu quintal não é escuro como o nosso. Eu ajudaria você a preparar os canteiro e tenho certeza de que minha mãe nos daria algumas sementes.

– Dick acabaria pisoteando-o também – disse Jody com pesar.

– Então, já sei o que faremos – disse Jane, decidida. – Consultaremos um catálogo de sementes... Frank arranjará um para mim... e teremos um jardim IMAGINÁRIO.

– Como você é cheia de ideias! – elogiou Jody.

Jane sentiu o gostinho da felicidade. Era a primeira vez que alguém a admirava.

CAPÍTULO 4

É claro que não demorou muito para a avó descobrir sobre Jody. Fizera vários discursos sarcásticos, mas não chegara a proibir Jane de brincar no quintal da casa número 58. Jane levaria uns bons anos para compreender a razão... que a avó queria mostrar a todo mundo que a neta tinha gostos medíocres e gostava de pessoas de classe inferior.

– Querida, como é essa tal de Jody? – perguntara a mãe, preocupada.

– É uma garotinha adorável – respondera Jane enfaticamente. – Mas parece muito negligenciada... e um tanto desleixada. Seu rosto está sempre limpo e ela nunca se esquece de limpar atrás das orelhas, mamãe. Vou ensiná-la como lavar os cabelos. Eles seriam lindos se fossem limpos... São tão negros e sedosos! Estou pensando em lhe dar um dos meus potes de creme hidratante... já que tenho dois, sabe? As mãos dela são avermelhadas e rachadas de tanto trabalhar e lavar pratos.

– E as roupas dela?

– Ela não tem escolha senão usar o que ganha dos outros e nunca tem mais de dois vestidos ao mesmo tempo... um para o dia a dia e outro para ir à escola dominical. Nem o da escola dominical é muito limpo... é um cor-de-rosa que fora de Ethel, filha da senhora Bellew, e ela derrubou café nele. E Jody é obrigada a trabalhar tanto... É uma verdadeira escrava, segundo Mary. Gosto muito de Jody, mamãe. Ela é um doce.

– Bem... – A mãe suspirou e cedeu. Jane descobrira que a mãe sempre cedia se ela insistisse com firmeza. Ainda que adorasse a mãe, não era a primeira vez que Jane cutucava o ponto mais fraco da personalidade dela. Mamãe não conseguia "enfrentar" as pessoas. Jane ouvira Mary dizer isso uma vez a Frank, achando que ela não estava por perto, e sabia que era verdade.

– Ela concorda com quem falar por último – disse Mary. – Que é sempre a velha senhora.

– Ora, a velha senhora sempre foi muito boa com ela – disse Frank. – Ela é mulher muito alegre.

– Bem alegre. Mas será que é feliz? – perguntou Mary.

"Feliz? É claro que mamãe é feliz", pensou Jane com indignação... uma profunda indignação, uma vez que no fundo da mente dela espreitava a suspeita de que mamãe, apesar de todas as festas, jantares, casacos de peles, vestidos, joias e amigos, não era feliz. Jane não conseguia compreender por que tinha essa sensação. Talvez por causa de um brilho que surgia nos olhos dela de vez em quando... como algo preso em uma jaula.

Jane tinha permissão de brincar no quintal do número 58 nos fins de tarde da primavera e do verão depois que Jody terminava de lavar as pilhas de pratos. Elas criaram o jardim "imaginário", jogavam migalhas aos tordos e aos esquilos pretos e cinzas e se sentavam no galho da cerejeira para observar a estrela Vésper. E conversavam! Jane, que nunca conseguia pensar em nada de relevante para dizer a Phyllis, tinha muito o que contar a Jody.

Jody nunca podia brincar no quintal do número 60. Uma vez, no início da amizade delas, Jane a convidou para ir lá. Ela encontrara Jody chorando de novo sob a cerejeira e descobrira que a senhorita West a obrigara a jogar na lixeira o velho ursinho de pelúcia. Segundo a senhorita West, ele estava completamente gasto. Já havia sido remendado em todos os lugares possíveis, e não era viável sequer costurar botões de sapatos para os olhos. Além disso, ela já era grande demais para brincar com ursinhos.

– Não tenho mais nada – soluçou Jody. – Se tivesse uma boneca, não me importaria. Sempre quis uma boneca... mas agora vou ter que dormir sozinha lá em cima... É tão solitário!

– Vamos até minha casa. Eu darei a você uma boneca – disse Jane.

Jane nunca se interessara muito por bonecas porque elas não tinham vida. Aos sete anos, ganhara uma de natal de tia Sylvia que era tão perfeita e bem-vestida que não havia o que fazer com ela, e Jane não a amava. Teria gostado mais de um ursinho que precisava de remendo todos os dias.

Ela acompanhou Jody, de olhos arregalados e deslumbrada, pelo esplendor do número 60 e lhe deu a boneca, que repousava havia muito tempo na última gaveta do imenso guarda-roupa preto no quarto de Jane. Depois levou a amiga até o quarto da mãe, para mostrar as coisas sobre a cômoda... as escovas de cabelos prateadas, os frascos de perfume com as tampas de vidro que reluziam arcos-íris, os anéis magníficos na pequena bandeja dourada. A avó as encontrou ali. Ela parou na porta e as encarou. Era possível sentir o silêncio se espalhar pelo quarto como uma névoa fria e sufocante.

– O que isso significa... se me permite perguntar?

– Esta é... Jody – gaguejou Jane. – Eu... a trouxe aqui para lhe dar minha boneca. Ela não tem nenhuma.

– É mesmo? E você deu a boneca que ganhou de tia Sylvia?

Jane compreendeu de imediato que havia feito algo imperdoável. Nunca lhe ocorrera que não tinha o direito de dar a própria boneca a outra garota.

– Não proibi você de brincar com... essa JODY no quintal dela. O que está no sangue acaba vindo à tona cedo ou tarde. Entretanto... se não se importar... por favor, não traga a ralé para dentro de casa, minha querida Victoria.

A querida Victoria levou a amiga magoada para fora o mais rápido que pôde, abandonando a boneca. Só que agora a avó não saíra ilesa. Pela primeira vez, alguma coisa se rompeu. Jane parou por um instante antes de passar pela porta e encarou diretamente a avó com um olhar intenso e julgador.

– Isso não é justo. – A voz de Jane tremeu um pouco, mas ela sentiu que precisava dizer aquilo, não importa quão insolente estivesse soando à avó. Então, seguiu Jody para fora com um estranho sentimento de satisfação.

– Não sou ralé – disse Jody, com os lábios tremendo. – É evidente que não sou como vocês... A senhorita West diz que vocês são PESSOAS... Só que meus pais também eram respeitáveis. Foi o que tia Millie me contou. Ela disse que sempre foram pessoas honradas. E trabalho duro para ter um lugar para morar.

– Você não é ralé, e eu amo você – disse Jane. – Você e mamãe são as únicas pessoas que amo no mundo inteiro.

Ao dizer isso, Jane sentiu um aperto no coração. De repente, ocorreu-lhe que, entre os milhões de pessoas no mundo... ela nunca conseguia se lembrar do número exato, mas sabia que era imenso... duas era muito pouco. "E adoro amar as pessoas", pensou. "É bom."

– Não amo mais ninguém além de você – disse Jody, que se esqueceu da mágoa assim que Jane se interessou em construir um castelo com as latas velhas que estavam em um canto do quintal. A senhorita West as guardava para um primo do interior que as usava para alguma coisa misteriosa. Ele não aparecera durante todo o inverno, e havia latas suficientes para erguer uma torre. Dick a derrubou no dia seguinte com um pontapé, é claro, mas elas se divertiram ao montá-la. As duas mal sabiam que um dos hóspedes, o senhor Torrey, arquiteto em início de carreira, vira o castelo cintilar sob o luar ao guardar o carro na garagem e assoviara.

– É bem impressionante para duas crianças.

Jane, que já deveria ter dormido, estava acordada naquele exato momento fantasiando sua vida na lua, visível através da janela.

O "segredo lunar" de Jane era a única coisa que ela não se atrevia a contar a mamãe e Jody. Jamais teria coragem. Era algo só dela. Revelá-lo o arruinaria. Havia três anos, Jane fazia viagens à lua em seus devaneios. Era um mundo onírico onde ela vivia maravilhosamente e saciava uma sede intensa em sua alma nos riachos encantados e desconhecidos que corriam em meio às colinas prateadas e resplandecentes. Antes de descobrir o truque de ir para a lua, Jane ansiava por atravessar um espelho, como fizera Alice. Costumava ficar tanto tempo parada diante do espelho à espera do milagre que tia Gertrude dissera que Victoria era a criança mais vaidosa que já vira.

– É mesmo? – inquiriu a avó, como se perguntasse se Jane tinha algum motivo para ser vaidosa.

Por fim, Jane concluiu com desânimo que nunca adentraria o mundo atrás do espelho. Em uma noite, deitada em seu quarto grande e intimidador, notou que a lua olhava para ela através de uma das janelas... a lua calma e bela que nunca tinha pressa... e começou a construir uma existência para si mesma naquele lugar, repleto de flores lunares exóticas, em companhia de seus pensamentos.

E até na lua os desejos de Jane eram os mesmos. Como era toda de prata, precisava ser polida todas as noites. Jane e seus amigos lunares se divertiam à beça polindo-a, com um sistema elaborado de recompensas e castigos para os polidores excepcionais e os preguiçosos. Os últimos costumavam ser banidos para o outro lado da lua... que Jane havia lido que era um lugar muito sombrio e frio. Quando ganhavam permissão para voltar, gelados até os ossos, ficavam felizes em se aquecer esfregando com toda a força. Eram as noites em que a lua ficava mais luminosa que o normal. Ah, como era divertido! Jane não se sentia mais solitária na cama, exceto nas noites sem lua. Sabia que a amiga estava de volta quando notava a fina e brilhante fatia crescente no oeste. Muitos dias horríveis haviam sido vencidos graças à esperança de fugir para a lua em uma noite qualquer.

CAPÍTULO 5

Até os onze anos, Jane acreditou que o pai estava morto. Ainda que não se lembrasse de ter ouvido isso de alguém, a menina tinha quase certeza de que sim. Simplesmente não pensava no assunto... ninguém alguém o mencionava. Tudo o que sabia era que o nome do pai devia ser Andrew Stuart, já que a mãe era chamada de senhora Andrew Stuart. Fora isso, era como se ele jamais tivesse existido. Em geral, ela não sabia muito sobre pais. O único que conhecia era o pai de Phyllis, tio David Coleman, um senhor garboso de meia-idade, com bolsas debaixo dos olhos, que grunhia ocasionalmente para a filha quando vinha almoçar aos domingos. Jane entendia que era o jeito dele de tentar ser amigável. No entanto, tio David não era o tipo de pai que pudesse fazê-la ter inveja de Phyllis. Com uma mãe tão adorável e amorosa, quem precisava de um pai?

Então, Agnes Ripley entrou na St. Agatha. Jane gostou dela a princípio, apesar de a novata ter mostrado a língua para ela na primeira vez em que se viram. Era filha de um sujeito conhecido como "o grande Thomas Ripley", que construía "ferrovias e coisas do tipo", e a maioria das garotas da escola a bajulava e se aprumava quando a via se aproximar. Era cheia de "segredos", e ser a confidente dela se tornou uma grande honra entre as alunas da St. Agatha. Por isso, Jane sentiu-se emocionada quando Agnes aproximou-se dela em uma tarde no parquinho e disse em tom sombrio e misterioso:

– Sei um segredo.

"Sei um segredo" é provavelmente a frase mais intrigante do mundo. Jane rendeu-se ao fascínio dela.

– Ah, conte-me – implorou. Queria ser incluída no grupo seleto de garotas que tinham ouvido um dos segredos de Agnes; e também queria matar a própria curiosidade. Segredos eram sempre coisas lindas e maravilhosas. Agnes franziu o nariz de batata e fez uma expressão altiva.

– Ah, contarei em outro momento.

– Não quero ouvir em outro momento. Quero ouvi-lo agora – suplicou Jane, com os olhos castanhos e dourados irradiando avidamente.

O rostinho travesso de Agnes, emoldurado pelos cabelos cor de avelã, ganhou expressão maliciosa. Ela piscou um dos olhos verdes para Jane.

– Tudo bem. Mas não me culpe se não gostar do que tenho a dizer. Preste atenção.

Jane prestou atenção. A escola inteira prestou atenção. As ruas pobres ao redor prestaram atenção. Jane teve a impressão de que o mundo inteiro estava prestando atenção. Ela era uma das escolhidas... Agnes ia lhe contar um segredo.

– Seu pai e sua mãe não moram juntos.

Jane a encarou. Aquilo não fazia o menor sentido.

– É claro que não moram juntos. Meu pai morreu.

– Oh, não, ele não morreu – disse Agnes. – Ele mora na Ilha do Príncipe Edward. Sua mãe o deixou quando você tinha três anos.

Jane sentiu como se a mão fria de um gigante estivesse espremendo seu coração.

– Isso... não é... verdade – balbuciou.

– É, sim. Ouvi tia Dora contar para a mamãe. Ela disse que eles se casaram assim que ele retornou da guerra, em um verão, quando sua avó e sua mãe viajaram para a costa. Sua avó foi contra. Tia Dora falou que todo mundo sabia que não iria durar muito. Ele era pobre. Mas você foi o maior problema. Não deveria ter nascido. Nenhum dos dois a queria, disse tia Dora. Eles brigaram feito cão e gato depois disso, até que sua mãe se cansou e foi embora. Tia Dora disse que ela provavelmente teria se divorciado dele se divórcios não fossem tão difíceis de conseguir no Canadá, e, de qualquer maneira, os Kennedys abominam divórcios.

A mão apertava o coração dela com tanta força que Jane mal conseguia respirar.

– Eu... não acredito.

– Se vai reagir dessa forma, não contarei mais nenhum segredo a você, senhorita Victoria Stuart – disse Agnes, ruborescendo de raiva.

– Não quero ouvir mais nada – disse Jane.

Ela jamais se esqueceria do que ouvira. Não podia ser verdade... não podia. Jane teve a impressão de que aquela tarde era interminável. A St. Agatha era um pesadelo. Frank nunca dirigira tão devagar. A neve parecia mais encardida e suja que de costume ao longo das ruas horrendas. O vento era cinzento. Flutuando lá no céu, a lua parecia desbotada e frágil como papel, e Jane não se importava se não fosse mais polida.

Um chá da tarde estava em andamento quando ela chegou ao número 60 da Rua da Alegria. A grande sala de estar, decorada suntuosamente com bocas-de-leão cor-de-rosa, tulipas e avencas, estava apinhada de gente. Mamãe, que usava um vestido roxo-claro de *chiffon* com mangas folgadas de seda, ria e conversava. A avó, sentada na poltrona bordada favorita, tinha diamantes azulados cintilando nos cabelos grisalhos e parecia "uma verdadeira pintura", como comentara uma das damas presentes. Tia Gertrude e tia Sylvia serviam chá em uma mesa coberta por uma toalha de renda veneziana e adornada por velas cor-de-rosa extremamente finas e alongadas.

Jane passou por todos e foi em direção à mãe. Ela não se importava com quantas pessoas havia ali... precisava de respostas. Não suportaria a tensão nem mais um instante.

– Mamãe, meu pai está vivo?

Um silêncio pesado e sinistro tomou conta da sala. Os olhos azuis da avó brilharam como um raio. Tia Sylvia arquejou, e o rosto de tia Gertrude ganhou um tom púrpura peculiar. Já o de mamãe parecia ter se congelado.

– Ele está? – insistiu Jane.

– Sim – respondeu a mãe. E não disse mais nada. Jane não perguntou mais nada. Virou-se e subiu as escadas mecanicamente. Ao entrar no quarto, fechou a porta e deitou-se no enorme e macio tapete branco de pele de urso.

Ondas negras e pesadas de dor pareciam engolfá-la. Então, era verdade. Passara a vida inteira achando que o pai havia morrido, quando, na realidade, estava vivo... naquele pontinho longínquo no mapa, que era a província da Ilha do Príncipe Edward. Só que ele e mamãe não gostavam um do outro, e ela nunca foi desejada. Jane descobriu que era uma sensação curiosa e desagradável saber que os pais não a queriam. Sabia que passaria o resto da vida ouvindo a voz de Agnes dizer: "Você não deveria ter nascido". Odiava Agnes Ripley... e sempre odiaria. Jane se perguntou se chegaria à idade da avó e como suportaria.

A mãe e a avó a encontraram ali depois que todo mundo foi embora.

– Victoria, levante-se.

Jane não se moveu.

– Victoria, não seja desobediente.

Jane se levantou. Não havia chorado – alguém disse muitos anos atrás que "Jane nunca chora" –, mas seu semblante teria comovido qualquer pessoa. Talvez até a avó, que dissera com toda a gentileza que lhe era possível:

– Sempre disse à sua mãe, Victoria, que ela deveria lhe contar a verdade. Que você descobriria, cedo ou tarde, por meio de outra pessoa.

Jane de Lantern Hill

Seu pai está vivo. Sua mãe se casou com ele contra a minha vontade e acabou se arrependendo. Eu a perdoei e a acolhi de braços abertos depois que recobrou o juízo. É isso. No futuro, quando sentir um desejo irresistível de fazer uma cena na frente das visitas, tenha a bondade de controlar seus impulsos até os convidados irem embora.

– Por que ele não gostou de mim? – murmurou Jane.

No fim das contas, aquilo, provavelmente, era o que mais a machucava. A mãe dela talvez não a tivesse desejado de início, mas Jane sabia que agora ela a amava.

De repente, a mãe deu uma risadinha tão triste que quase partiu o coração da Jane.

– Acho que ele tinha ciúme de você – disse.

– Ele arruinou a vida de sua mãe – disse a avó secamente.

– Oh, eu também tive culpa – lamentou muito a mãe, com a voz realmente embargada.

Jane, olhando de uma para a outra, reparou na sutil mudança no rosto da avó.

– Você nunca mais mencionará seu pai na minha presença ou na de sua mãe – declarou a avó. – Para TODOS os efeitos... ele está morto.

A proibição fora desnecessária. Jane não pretendia voltar a falar do pai. Ele fizera mamãe infeliz, por isso ela o odiava e o tiraria por completo do pensamento. Algumas coisas deviam ser esquecidas, e o pai era uma delas. E o pior de tudo era que, agora, havia um assunto que ela não podia conversar com a mamãe. Jane sentiu o obstáculo entre as duas, indefinível e incômodo. A velha confiança inabalada se foi. Havia algo que não podia ser mencionado, e isso estragava tudo.

Ela não tolerava mais Agnes e seu culto aos "segredos" e ficou muito contente quando a garota deixou a escola; o grande Thomas decidira que a St. Agatha não oferecia tudo que a filha merecia. Agnes queria aprender sapateado.

CAPÍTULO 6

Fazia um ano que Jane havia descoberto sobre o pai... Um ano de notas medíocres na escola... Phyllis ganhara o prêmio de aluna mais proficiente da sala, e Jane só ouvia falar disso!... Um ano de idas e vindas da St. Agatha, de muitos esforços infrutíferos para ser como Phyllis, de brincadeiras com Jody ao entardecer e de aulas de piano, com a dedicação de quem realmente gostaria de estar ali.

– Que lástima você não se interessar muito por música – disse a avó. – Aliás, como poderia?

Não era tanto o que a avó dizia, mas como. Abria feridas que inflamavam e supuravam. E Jane gostava de música... Ela amava ouvi-la. Quando o senhor Ransome, músico que se hospedava na casa de número 58, tocava o violino em seu quarto sob o crepúsculo, ele nem sequer suspeitava da plateia hipnotizada que o ouvia da cerejeira do quintal. Jane e Jody, de mãos dadas, sentiam o coração encher-se de êxtase. No inverno, quando as janelas ficavam fechadas, Jane sentia muito a falta da música. A lua era sua única escapatória, e para lá ela fugia com uma frequência maior que nunca, em longas visitas silenciosas que a avó chamava de "mau humor".

– Ela está tão mal-humorada hoje!

– Ah, acho que não – hesitava a mãe. Ela só contradizia a avó em defesa de Jane. – Ela é apenas... muito sensível.

– Sensível! – A avó riu. Era raro ouvi-la rir, o que Jane achava ótimo. Quanto à tia Gertrude, se algum dia chegou a rir ou a fazer um gracejo, foi há tanto tempo que ninguém mais se lembrava. Mamãe ria quando os outros estavam por perto... risadas curtas e tilintantes que Jane nunca achava que fossem verdadeiras. Não, havia pouquíssimas risadas de verdade no número 60 da Rua da Alegria – ainda que Jane, com seu dom secreto de ver o lado bom das coisas, fosse capaz de encher aquela casa imensa de risos. Até Mary e Frank riam de maneira extremamente discreta na cozinha.

Jane espichou naquele ano e estava mais magra e desengonçada. Seu queixo se tornara mais quadrado e fendido.

– Está cada vez mais parecido com o DELE. – Ela ouvira a avó dizer à tia Gertrude, certa vez, com amargor. Jane estremeceu. Graças à nova e dolorosa sabedoria, suspeitava de que o "dele" se referia ao pai e imediatamente passou a detestar o próprio queixo. Por que ele não podia ser lindo e redondo igual ao da mãe?

Foi um ano sem grandes acontecimentos. Jane o teria considerado monótono se conhecesse a palavra. Apenas três coisas o marcaram: o incidente com o gatinho, o mistério da foto de Kenneth Howard e o fatídico recital.

Jane encontrou o filhote de gato na rua. Em uma tarde, Frank estava com pressa para ir a algum lugar para a mamãe e a avó e deixou que Jane voltasse para casa andando desde o começo da Rua da Alegria, na volta da St. Agatha. Jane caminhava alegremente, saboreando aquele momento de independência singular. Ela quase nunca tinha permissão para ir a algum lugar sozinha... para ir a qualquer lugar, na verdade. E Jane adorava caminhar. Adoraria ir e voltar a pé da escola ou, já que a St. Agatha ficava muito longe, pegar o bonde. Jane adorava andar de

LUCY MAUD MONTGOMERY

bonde. Era fascinante olhar as pessoas e especular sobre elas. Quem era aquela dama de cabelos lindos e brilhosos? O que aquela velha irritada murmurava para si mesma? Será que aquele garotinho gostava que a mãe limpasse o rosto dele, daquele jeito, com o lenço? Será que aquela garotinha alegre tinha dificuldade com as notas na escola? Aquele homem estava com dor de dente ou aquela expressão desagradável era a sua de sempre? Ela teria adorado descobrir tudo sobre eles e mostraria compaixão ou simpatia, dependendo do caso. No entanto, os moradores do número 60 quase nunca andavam de bonde. Frank estava sempre a postos com a limusine.

Jane caminhava devagar para prolongar o prazer. Era uma tarde fria de fim de outono. O sol, que mais parecia um fantasma espiando por entre as nuvens cinzentas ao longo do dia, agora se punha, e a neve começava a cair. As luzes cintilavam, e até as janelas sombrias da rua vitoriana estavam iluminadas. O vento cortante não incomodava Jane, mas outra coisa a incomodou. Ouviu um miado fraco e desesperado e, ao olhar para baixo, viu um filhote de gato encolhido contra uma cerca de ferro. Ela se abaixou, pegou-o e o segurou junto ao rosto. A criaturinha, um punhado de ossos minúsculos debaixo de um pelo maltês fofo, lambeu a bochecha dela afoitamente. O bicho estava com frio, faminto e abandonado. Jane sabia que o lugar dele não era a Rua da Alegria. Não podia deixá-lo ali naquela noite tempestuosa.

– Pelo amor de Deus, senhorita Victoria, de onde veio esse animal? – exclamou Mary quando Jane entrou na cozinha. – Você não deveria tê-lo trazido para cá. Sabe muito bem que sua avó não gosta de gatos. Sua tia Gertrude arranjou um, certa vez, mas ele rasgou todas as borlas da mobília e ela foi obrigada a se livrar dele. É melhor fazer isso agora, senhorita Victoria.

Jane detestava ser chamada de "senhorita Victoria", mas a avó insistia que os empregados a chamassem assim.

– NÃO POSSO abandoná-lo ao relento, Mary. Vou dar um pouco de comida a ele e deixá-lo aqui até depois do jantar. Vou pedir à vovó para ficar com ele. Talvez ela diga sim se eu prometer mantê-lo somente aqui e no quintal. Você se importaria, Mary?

– Muito pelo contrário – respondeu Mary. – Já pensei várias vezes que um gato seria uma ótima companhia... ou um cachorro. Sua mãe teve um cachorro, só que ele foi envenenado, e ela nunca quis outro.

Mary não falou que acreditava piamente que a velha patroa tivesse envenenado o cão. Não era apropriado contar esse tipo de coisa a crianças e, de qualquer maneira, ela não tinha certeza absoluta. Tudo que sabia era que a velha senhora Kennedy tinha um ciúme medonho do amor da filha pelo cachorro.

“Como ela olhava para ele quando achava que não tinha ninguém por perto...”, pensou Mary.

A avó, tia Gertrude e a mãe estavam tomando chá, de maneira que Jane sabia que tinha pelo menos uma hora. Foi uma hora agradável. O filhote era alegre e brincalhão e bebeu leite até a barriguinha parecer que ia explodir. A cozinha estava quente e aconchegante. Mary deixou que Jane picasse as nozes que fariam parte da cobertura do bolo e cortasse as peras em fatias finas para a salada.

– Oh, Mary, torta de mirtilo! Por que não a comemos mais vezes? Sua torta de mirtilo é deliciosa.

– Algumas pessoas sabem fazer tortas, outras não – disse Mary complacentemente. – Você sabe que sua avó não gosta muito de torta. Ela diz que são indigestas... Meu pai viveu até os noventa anos e comia torta todos os dias no café da manhã! Eu a preparo de tempos em tempos para sua mãe.

– Depois do jantar, perguntarei à vovó se posso ficar com ele.

– Eu não criaria muitas expectativas, pobre criança – disse Mary quando Jane saiu da cozinha. – A senhorita Robin deveria defender mais você... porém, ela sempre comeu na mão da mãe. Enfim, espero que o jantar fique bom e deixe a velha senhora de bom humor. Quem dera eu não tivesse feito a torta de mirtilo hoje. Ainda bem que ela não vai descobrir que foi a senhorita Victoria que fez a salada... O que os olhos não veem o coração não sente.

O jantar foi dominado pela tensão que pairava no ar. A avó não falou nada. Era evidente que alguma coisa acontecera durante a tarde. Tia Gertrude tampouco abriu a boca. E mamãe parecia aflita e não tentou passar nenhum dos sinais que as duas tinham, como tocar os lábios, arquear a sobrancelha, encolher o dedo. Todos significavam "minha querida", "eu te amo" ou "considere-se beijada".

Jane, angustiada pelo segredo, sentiu-se ainda mais nervosa que de costume e acabou derrubando um garfo cheio de torta sobre a mesa.

– Isso seria perdoável se tivesse sido uma criança de cinco anos – disse a avó. – Todavia, é absolutamente inaceitável no caso de uma menina da sua idade. É praticamente impossível tirar manchas de mirtilo, e essa é uma das minhas melhores toalhas. Mas é óbvio que isso não tem a menor importância para você.

Jane olhou para a mesa com desânimo. Não conseguia entender como um pouquinho de torta se espalhara tanto. E é claro que foi naquele momento pouco auspicioso que uma bolinha de pelos ronronante escapou de Mary, que tentava dê-la, atravessou a sala de jantar e subiu no colo de Jane. O coração dela despencou.

– De onde isso surgiu? – exigiu a avó.

"Não posso ser covarde", pensou Jane, em desespero.

– Eu o encontrei na rua e o trouxe para cá – disse com bravura. "Que petulância", pensou a avó. – Ele estava com tanto frio e tanta fome... Veja como está magro, vovó. Por favor, posso ficar com ele? É tão carinhoso! Não vou deixá-lo incomodar a senhora... Vou...

– Minha querida Victoria, não seja ridícula. Achei que soubesse que gatos não são permitidos nesta casa. Seja boazinha e coloque-o para fora.

– Oh, não na rua, vovó, POR FAVOR. Ouça o vento lá fora... Ele vai morrer.

JANE DE LANTERN HILL

– Apenas obedeça a mim, Victoria. As coisas não podem ser sempre do jeito que você quer. Os desejos das outras pessoas também precisam ser levados em conta, uma vez ou outra. Por favor, tenha a bondade de não causar mais problemas por causa de algo tão insignificante.

– Vovó... – disse Jane em tom de súplica, mas a avó ergueu a mão enrugada e cheia de joias.

– Não quero ouvir mais nada, Victoria. Leve esse bicho para fora agora.

Jane levou o gatinho para a cozinha.

– Não se preocupe, senhorita Victoria. Vou pedir ao Frank que o coloque na garagem, sobre um tapete. Ele vai ficar bem confortável e aquecido. Amanhã ele ganhará um bom lar na casa da minha irmã. Ela adora gatos.

Jane nunca chorava, por isso não estava chorando quando a mãe entrou no quarto dela um tanto furtivamente para lhe dar um beijo de boa noite. Ela só estava nervosa e revoltada.

– Mamãe, queria que pudéssemos fugir daqui... somente você e eu. Odeio este lugar, mamãe, odeio.

A mãe dela disse algo estranho, em tom penoso.

– Agora não há escapatória para nenhuma de nós.

CAPÍTULO 7

Jane nunca compreendera o enigma da foto. Depois que toda a dor e a raiva passaram, ela se descobriu completamente intrigada. Por que... POR QUE... a foto de um completo estranho tinha importância para alguém do número 60 da Rua da Alegria, em especial para a mamãe?

Ela o descobriu durante uma visita a Phyllis. De vez em quando, Jane era obrigada a passar uma tarde na casa da prima. E aquele dia não estava sendo melhor que os anteriores. Phyllis era uma anfitriã dedicada. Mostrou-lhe as bonecas novas, os vestidos novos, as sapatilhas novas, o colar de pérolas novo e o porquinho de porcelana novo. Phyllis colecionava porquinhos de porcelana e considerava "estúpida" qualquer pessoa que não se interessasse por eles. Estava sendo mais arrogante e pedante que o hasbitual. Consequentemente, Jane se sentia mais deslocada que o habitual, e as duas estavam morrendo de tédio. Foi um alívio para todos os envolvidos quando Jane mergulhou em um exemplar do *Saturday Evening*, apesar de não ter nenhum interesse pelas colunas sociais, pelas fotografias de noivas e debutantes, pela bolsa de valores ou mesmo pelo artigo "Soluções Pacíficas para Dificuldades Internacionais", escrito por Kenneth Howard, que tinha a honra de ocupar a primeira página. Jane teve a vaga sensação de que não deveria estar lendo aquele jornal. Por algum motivo desconhecido, a avó não o aprovava e não permitia nenhum exemplar em casa.

Jane gostou da foto de Kenneth Howard. No instante em que a viu, teve consciência de seu fascínio. Nunca vira Kenneth Howard antes e não fazia ideia de quem era ou de onde morava, mas teve a impressão de que era alguém que conhecia bem e de quem gostava muito. Adorou cada detalhe: as singulares sobrancelhas arqueadas, os cabelos revoltos e volumosos, a curvinha nos cantos dos lábios, a leve seriedade no olhar, apesar das rugas joviais ao redor dos olhos, e o queixo quadrado e fendido que causara profunda sensação de familiaridade nela, embora não conseguisse identificar a razão. Aquele queixo parecia um velho amigo. Jane olhou para a foto e respirou fundo. Naquele instante, soube que, se amasse o pai em vez de odiá-lo, gostaria que ele se parecesse com Kenneth Howard.

Jane encarou a foto por tanto tempo que Phyllis ficou curiosa.

– O que está olhando, Jane?

De súbito, Jane voltou à realidade.

– Posso ficar com esta foto, Phyllis... por favor?

– De quem é? Por que essa? Você o conhece?

– Não. Nunca o vi antes. Mas gostei da foto.

-- Pois eu não. – Phyllis a olhou com desprezo. – Ora... ele é um velho. E não é nem um pouco bonito. Há uma bela foto do Norman Tait na próxima página, Jane... Deixe-me mostrá-la.

Jane não estava interessada em Norman Tait e em nenhum outro ator. A avó não aprovava que crianças fossem ao cinema.

– Gostaria de ficar com esta foto, se for possível – pediu com firmeza.

– Creio que não há problema – disse Phyllis em tom de superioridade. Ela achou Jane mais estúpida que nunca. Como sentia pena da pobrezinha! – Aposto que ninguém vai querer ESSA foto. Não gostei dela nem um pouco. Ele parece que está rindo de nós pelas costas.

Aquele foi um comentário surpreendentemente sagaz da parte de Phyllis. Era a descrição precisa do olhar de Kenneth Howard. Entretanto, era uma risada gentil.

Jane não se importaria nem um pouco de ser alvo daquele riso. Recortou a foto com cuidado e, quando chegou em casa, escondeu-a debaixo da pilha de lenços, na primeira gaveta da cômoda. Não saberia explicar por que não queria que ninguém a visse.

Talvez não quisesse que alguém a ridicularizasse como Phyllis fizera. Talvez porque parecia haver uma estranha ligação entre ela e a foto, algo lindo demais para ser compartilhado com qualquer um, inclusive a mamãe. Não que tivesse alguma oportunidade de conversar com a mãe ultimamente. Ela nunca se mostrara tão radiante, alegre e elegante e nunca fora a tantas festas, chás e jogos de *bridge*. Até os beijos de boa noite haviam se tornado raros. Pelo menos era o que Jane achava. Ela não sabia que a mãe, sempre que chegava tarde, entrava de fininho no quarto e dava um beijo nos cabelos castanho-avermelhados da filha, com toda a delicadeza, para não a acordar. Às vezes, ela chorava quando ia para o próprio quarto, mas não com frequência, pois poderia ficar evidente na hora do café da manhã, e a senhora Robert Kennedy não gostava de pessoas que choravam a noite inteira na casa dela.

Jane e a foto foram melhores amigas por três semanas. Ela a tirava do esconderijo e a admirava sempre que podia. E contou a Jody tudo sobre ela, bem como suas tribulações com a lição de casa e seu amor pela mamãe. Ela até revelou seu segredo lunar. Quando se sentia sozinha na cama, a lembrança da foto lhe fazia companhia. Dava-lhe um beijo de boa noite antes de dormir, e a primeira coisa que fazia ao acordar era dar uma espiadela no recorte de jornal.

No instante em que chegou da St. Agatha naquele dia, soube que havia algo errado. A casa sempre pareceu vigiá-la, mas agora a sensação era mais forte que nunca, como se estivesse na mira de um olhar malicioso e triunfal. O retrato do bisavô Kennedy a encarou, da sala de estar, com expressão mais sombria que de costume. A avó estava sentada na poltrona como uma estátua, com mamãe e tia Gertrude de cada lado. Com as mãos magras, alvas e delicadas, mamãe desmanchava em pedaços uma adorável rosa vermelha, enquanto tia Gertrude encarava a foto que a avó segurava.

– MINHA foto! – exclamou Jane em voz alta.

A avó olhou para ela. Seus olhos azuis gélidos pareciam em chamas.

– Onde conseguiu isso?

– É minha – disse Jane. – Quem a tirou da gaveta? Não é da conta de mais ninguém.

– Não estou gostando do seu tom de voz, Victoria. E não estamos discutindo uma questão de ética. Fiz uma pergunta.

Jane olhou para o chão. Não fazia a menor ideia de por que era crime ter uma foto de Kenneth Howard, mas sabia que não poderia ficar com ela. E sentiu que não suportaria isso.

– Quer fazer a gentileza de olhar para mim, Victoria? E de responder à minha pergunta? O gato não comeu sua língua, suponho.

Jane a encarou com olhar tempestuoso e rebelde.

– Eu a recortei... do *Saturday Evening*.

– Aquele lixo! O tom da avó condenou o periódico às profundezas da repulsa. – Onde encontrou o jornal?

– Na casa de tia Sylvia – retrucou Jane, ganhando ímpeto.

– E por que fez isso?

– Porque gostei da foto.

– Você sabe quem é Kenneth Howard?

– Não.

– "Não, vovó", mocinha. Bem, acho um disparate guardar na gaveta da cômoda a foto de um homem que você nem conhece. Não quero mais saber desse absurdo.

A avó ergueu a foto com as duas mãos. Jane avançou e segurou o braço dela.

– Oh, vovó, não a rasgue. Você não pode. Gosto muito dela.

No instante em que disse isso, percebera que foi um erro. As chances de ficar com a foto, que já eram mínimas, agora eram nulas.

– Você enlouqueceu de vez, Victoria? – disse a avó, que jamais ouvira "você não pode" em toda a vida. – Tire a mão do meu braço, por favor. Quanto a isso... – Ela deliberadamente rasgou a foto em quatro pedaços e a jogou no fogo.

Jane, sentindo que arrancavam seu coração, estava a ponto de ter um ataque de rebeldia quando olhou para a mãe. Ela estava branca como leite, com as pétalas da rosa despedaçadas ao redor dos pés, sobre o tapete. A dor em seus olhos era tanta que Jane estremeceu. O olhar desapareceu em seguida, mas Jane não se esqueceu dele. Por algum motivo que nem sequer imaginava, Kenneth Howard significava sofrimento para a mãe. E, de alguma maneira, isso estragava todas as lembranças boas relacionadas à foto.

– Chega de birra. Vá para seu quarto e não saia de lá até segunda ordem – disse a avó, que também não estava gostando do semblante da filha. – E lembre-se de que ninguém lê o *Saturday Evening* nesta família.

Jane teve que dizer. Foi mais forte que ela.

– Não pertenço a esta família. – Em seguida, foi para o quarto, que voltou a ser imenso e solitário sem Kenneth Howard sorrindo debaixo dos lençóis.

E aquele era outro assunto que ela não podia conversar com a mãe.

Ficou parada por um bom tempo diante da janela, sentindo uma dor intensa. O mundo era cruel. Até as estrelas riam dela.

– Eu me pergunto se alguém já foi feliz nesta casa – murmurou.

Foi quando viu a lua... a lua nova, que naquela noite não era a fatia fina e crescente de sempre. Estava prestes a ocultar-se atrás de uma nuvem negra no horizonte, e era grande e de um vermelho opaco. Aquela era uma lua que precisava de uma bela polida. Em instantes, Jane refugiou-se de todos os pesares, a cinquenta mil quilômetros de distância. Por sorte, a avó não exercia nenhuma autoridade sobre a lua.

CAPÍTULO 8

Então, houve o incidente do recital.

A St. Agatha decidiu organizar um evento apenas para as famílias das alunas. O programa incluía uma peça curta, algumas apresentações musicais e uma ou duas declamações. Jane desejava secretamente ganhar um papel na peça, mesmo que fosse como um dos anjos que só entravam e saíam, com asas, robes brancos esvoaçantes e auréolas feitas em casa. Mas não teve sorte. Suspeitava de que era muito alta e desajeitada para ser um anjo.

No entanto, a senhorita Semple perguntou se ela não gostaria de recitar.

Jane aceitou na hora. Sabia que era capaz de declamar muito bem. Aquela era a chance de deixar mamãe orgulhosa e de mostrar à avó que todo o dinheiro que estava gastando com a educação da neta não estava sendo completamente desperdiçado.

Jane escolheu um poema do qual gostava havia muito tempo, O pequeno bebê de Mathieu, apesar do inglês da época dos primeiros colonizadores, e começou a decorá-lo com entusiasmo. Praticava no quarto... e murmurava os versos em todos os lugares, até que a avó perguntou com brusquidão o que ela tanto cochichava o tempo todo.

Jane calou-se de imediato. Ninguém podia suspeitar. A apresentação era para ser uma "surpresa" para todos. Uma surpresa alegre e recompensadora para a mamãe. E talvez até a avó fosse ficar satisfeita se ela se saísse bem. Jane sabia que não seria poupada se não tivesse êxito.

A avó a levou até uma sala da grande loja de departamentos em Marlborough, com paredes revestidas de painéis, carpete aveludado e vozes abafadas, uma sala onde Jane, por algum motivo, não se sentiu à vontade. Sempre se sentia sufocada ali. A avó lhe comprou um vestido novo para a apresentação. Era lindo... Jane tinha que admitir que a vovó tinha bom gosto para roupas. A seda verde-fosco destacava o brilho acobreado dos cabelos e o castanho-dourado dos olhos dela. Jane achou que lhe caía muito bem e ficou ainda mais ansiosa por agradar a avó.

Na noite antes da apresentação, ficou terrivelmente preocupada. Sua voz não estava um pouco rouca? Será que pioraria? Mas não piorou. Ela acordou ótima no dia seguinte. Quando subiu ao palco e encarou o público pela primeira vez, sentiu um arrepio desagradável descer pelas costas. Não imaginara que haveria tantas pessoas. Por um instante de pavor, achou que não conseguiria pronunciar uma palavra sequer. Então, pensou nos olhos sorridentes de Kenneth Howard. "Não dê importância a eles. Declame o poema para MIM", ele parecia dizer. Jane abriu a boca.

Os professores ficaram impressionados. Quem teria imaginado que a tímida e desajeitada Victoria Stuart podia recitar com tanta eloquência, ainda mais um poema tão antigo? Jane sentia o prazer de se conectar com a plateia, de saber que a cativava, que a entretinha, até que chegou ao último verso. Foi quando ela viu a mãe e a avó na primeira fila. A mãe usava o belo casaco azul, novo, de pele de raposa e o pequeno chapéu que Jane adorava inclinado em um lado da cabeça; seu semblante era mais de medo que de orgulho. E a avó... Jane conhecia bem aquela expressão. A avó estava furiosa.

O último verso, que deveria ser o clímax, foi um tanto sem graça. Jane sentiu-se como a chama de uma vela sendo apagada, embora os aplausos tivessem se prolongado profusamente e a senhorita Semple houvesse sussurrado dos bastidores "Excelente, Victoria, excelente".

Entretanto, não houve elogios no caminho de volta. Nada foi dito, o que foi ainda pior. Mamãe parecia assustada demais para falar, e vovó manteve um silêncio pétreo. Em casa, ela disse:

– Quem a obrigou a fazer aquilo, Victoria?

– Quem me obrigou a fazer o quê? – Jane indagou, o tom de voz um pouco alterado, mostrando-se perplexa.

– Por favor, não repita minhas perguntas, Victoria. Você sabe perfeitamente ao que me refiro.

– À declamação? Ninguém. A senhorita Semple me convidou, e eu mesma escolhi o poema, porque gosto dele – explicou Jane. Seu tom era de ultraje. Ela se sentia magoada, irritada e um pouco "energizada" por causa do sucesso. – Achei que iria gostar. Mas você nunca gosta de nada do que faço.

– Não seja dramática e piegas, por favor. E, no futuro, se tiver que declamar alguma coisa – falou a avó, como se dissesse "se você insistir em ficar doente" –, escolha um poema decente. Não gosto de dialetos.

Jane não sabia o que era dialeto, mas era evidente que fizera algo errado, qualquer que fosse a razão.

– Por que a vovó ficou tão zangada, mamãe? – perguntou com tristeza ao ganhar um beijo de boa noite. Esguia, serena e perfumada, mamãe usava um vestido de crepe cor-de-rosa com singelos detalhes em renda nos ombros. Lágrimas ameaçaram se formar em seus olhos azuis.

– Alguém de quem ela... não gostava... era... muito bom em ler poesias antigas. Enfim, isso não tem importância. Você foi esplêndida. Estou muito orgulhosa de você.

Ela se inclinou e segurou o rosto de Jane entre as mãos de um jeito especial que só mamãe sabia fazer.

Apesar de tudo, Jane partiu contente para a terra dos sonhos. Afinal, não é preciso muito para fazer uma criança feliz.

CAPÍTULO 9

A carta pegara todos desprevenidos. Chegara em uma manhã enfadonha do início do mês, um abril angustiante e deplorável que mais parecia março. Era sábado, e, ao acordar em sua grande cama de nogueira preta, Jane se perguntou como conseguiria suportar aquele dia, já que mamãe iria a um jogo de *bridge,* e Jody estava gripada.

Continuou deitada e olhou pela janela. O céu estava cinzento, e o topo das velhas árvores travava uma batalha com o vento. Jane sabia que ainda havia um monte de neve encardida no quintal. Achava que neve suja era a pior coisa do mundo. Odiava o fim do inverno. E odiava o quarto onde tinha que dormir sozinha. Jane desejou que mamãe e ela pudessem dormir juntas.

– Não é saudável duas pessoas dormirem na mesma cama – dissera a avó com seu sorriso frio e sisudo. – Em uma casa desse tamanho, todos podem ter um quarto próprio. Há muitas pessoas no mundo que ficariam gratas por esse privilégio.

Jane gostaria mais do quarto se fosse menor. Sempre se sentia perdida nele. Nada ali tinha algo a ver com ela. Era um lugar ameaçador, vingativo, sempre a vigiá-la. Jane sentia que, se pudesse fazer alguma

JANE DE LANTERN HILL

coisa ali, como varrê-lo, tirar o pó, colocar algumas flores, conseguiria amá-lo, por mais gigantesco que fosse. Tudo ali era enorme. Havia um enorme guarda-roupa preto de nogueira que parecia uma prisão, uma enorme cômoda com gavetas, uma enorme cama de dossel, um enorme espelho sobre a cornija de mármore preto. A única exceção era o berço minúsculo que ficava próximo da lareira descomunal, o berço que fora da avó. Era inconcebível para Jane imaginar que vovó já tinha sido bebê.

Jane saiu da cama e vestiu-se sob o olhar atento dos vários parentes falecidos pendurados nas paredes. No jardim, tordos saltitavam de um lado para o outro. Tordos sempre faziam Jane sorrir. Eram tão atrevidos e empertigados, desfilando pelo terreno do número 60 da Rua da Alegria como se fosse um lugar qualquer, sem dar a mínima importância para a avó!

Atravessou o corredor e foi até o quarto da mãe, que ficava na outra extremidade. Não tinha autorização para fazer isso. No número 60 da Rua da Alegria, uma das regras era que mamãe não podia ser perturbada de manhã. Só que mamãe não havia saído na noite anterior, o que era raro, e Jane sabia que estaria acordada. E não só estava acordada como Mary acabara de lhe trazer a bandeja com o café da manhã. Jane adoraria fazer isso, mas não tinha permissão.

Mamãe estava sentada na cama, vestindo um gracioso penhoar rosa-chá de *crêpe de Chine* com finos detalhes em renda bege nas beiradas. Suas bochechas eram da mesma cor que o penhoar, e seus olhos tinham o frescor da manhã. Jane refletiu, com orgulho, que mamãe era tão deslumbrante pela manhã como antes de se deitar.

Mamãe comia bolinhas de melão com suco de laranja em vez de cereal e as dividiu com Jane. Também lhe ofereceu metade da torrada, mas Jane sabia que precisava poupar o apetite para o próprio desjejum. Elas se divertiram bastante, rindo e jogando conversa fora, tomando cuidado para não serem ouvidas. Nenhuma das duas precisou colocar isso em palavras; era algo instintivo.

"Quem dera todas as manhãs fossem assim", pensou Jane. Porém, ela não disse em voz alta. Aprendera que os olhos da mamãe nublavam de dor sempre que falava alguma coisa do tipo, e ela não queria magoá--la por nada no mundo. Jamais se esqueceria da vez em que ouviu mamãe chorar à noite.

Jane acordara com dor de dente e fora até o quarto dela perguntar se a mãe tinha algum remédio. Ao abrir a porta devagarinho, ouviu o som abafado da mãe chorando. Então, a avó surgiu com uma vela no corredor.

– Victoria, o que está fazendo aqui?

– Estou com dor de dente.

– Venha comigo, vou lhe dar uma pastilha – disse a avó secamente.

Jane foi, mas o dente já não incomodava mais. Por que mamãe estava chorando? Ela não podia estar se sentindo infeliz... não a mamãe, linda e sorridente. Na manhã seguinte, parecia nunca ter derramado uma lágrima na vida. Às vezes, Jane se perguntava se aquilo não fora um sonho.

Jane colocou os sais de banho de limão na banheira e pegou da cômoda um par de meias-calças, finas como teias de aranhas. Amava ajudar mamãe, e havia muito pouco que pudesse fazer.

Ela tomou o café da manhã com a avó; tia Gertrude já fizera o desjejum. É muito incômodo fazer uma refeição ao lado de alguém de quem não se gosta. E Mary havia se esquecido de colocar sal no mingau de aveia.

– Seu cadarço está desamarrado, Victoria.

Foi a única coisa que a avó dissera durante a refeição. A casa estava escura. Era um dia moroso, que ocasionalmente clareava e logo voltava a fechar o cenho. O correio chegou às dez. Jane não se interessou. Nunca havia nada para ela.

Ela imaginava que seria divertido e empolgante receber uma carta de alguém. Mamãe recebia um monte de convites e anúncios. Naquela manhã, Jane levou a correspondência até a biblioteca, onde estavam a avó e tia Gertrude. Ela reparou em uma carta endereçada à mãe, escrita com caligrafia preta alongada, que Jane tinha certeza de nunca ter visto. Não fazia a mínima ideia de que aquela carta transformaria por completo a vida dela.

A avó pegou a correspondência da mão dela e a examinou, como sempre fazia.

– Você fechou a porta do vestíbulo, Victoria?

– Sim.

– Sim, o quê?

– Sim, vovó.

– Você a deixou aberta ontem. Robin, você recebeu uma carta da senhora Kirby. Provavelmente é sobre o bazar. Lembre-se de que não gostaria que você se envolvesse com isso. Não gosto de Sarah Kirby. Gertrude, esta carta é da prima Mary, de Winnipeg. Se for sobre os talheres de prata que ela afirma que a mãe deixou para ela, diga que considero o assunto encerrado. Robin, esta é...

A avó parou de supetão. Olhava a carta escrita em letra cursiva como se fosse uma cobra. Olhou para a filha.

– Esta carta... é dele – disse.

Mamãe derrubou a carta da senhora Kirby e ficou tão pálida que Jane involuntariamente correu na direção dela, mas foi barrada pelo braço estendido da avó.

– Quer que eu a leia para você, Robin?

Mamãe tremia debilmente, mas respondeu:

– Não... não... Eu a lerei...

Vovó a entregou com ar ofendido, e mamãe a abriu com as mãos trêmulas. Parecia impossível que seu rosto pudesse ficar mais lívido, mas foi o que aconteceu enquanto lia a carta.

– E então? – perguntou a avó.

– Ele diz... – arfou a mãe – que devo mandar Jane Victoria passar o verão com ele... que ele tem o direito de vê-la de tempos em tempos.

– Quem? – exclamou Jane.

– Não interrompa, por favor, Victoria – disse a avó. – Deixe-me ver a carta, Robin.

Elas aguardavam enquanto a avó lia. Os olhos frios e cinza de tia Gertrude estavam fixos. Mamãe segurava a cabeça entre as mãos. Fazia apenas três minutos que Jane trouxera a correspondência, e nesses três minutos o mundo virara de cabeça para baixo. Ela sentiu como se um golfo tivesse se aberto entre ela e toda a humanidade. Sem que ninguém lhe dissesse, soube de quem era a carta.

– Muito bem! – disse a avó. Ela dobrou a carta, guardou-a no envelope, colocou-a sobre a mesa e limpou cuidadosamente as mãos no belo lenço de renda. – Você não vai permitir que ela vá, é óbvio, Robin.

Pela primeira vez, Jane sentiu que estava em sintonia com a avó. Virou-se para a mãe com olhar suplicante e teve a sensação curiosa de enxergar uma mulher... não uma mãe amorosa ou uma filha afetuosa... uma mulher dominada por uma emoção terrível. O coração de Jane sofreu outro golpe duro ao perceber quanto a mamãe sofria.

– Se eu não deixar – disse –, ele pode tirá-la de mim. Ele disse que pode fazer isso, sabe?

– Li o que ele escreveu – disse a avó – e ainda acho que você deveria ignorar essa carta. Ele só está fazendo isso para provocá-la. Não dá a mínima para ela. Sempre se importou apenas com a escrita.

– Temo que... – começou a mãe.

– É melhor consultarmos tio William – disse tia Gertrude, de repente. – A situação pede os conselhos de um homem.

– Um homem! – A avó pareceu explodir e então se recompor. – Talvez você tenha razão, Gertrude. Explicarei o problema para William quando ele vier almoçar amanhã. Enquanto isso, não o discutiremos mais. Não podemos permitir que isso nos perturbe.

Jane passou o restante do dia sentindo como se estivesse em um pesadelo. É claro que fora um sonho. É claro que o pai dela não escrevera para dizer que ela deveria passar o verão com ele, a milhares de quilômetros, na Ilha do Príncipe Edward, aquele lugar horrível que parecia um pedacinho de terra desolado entre as garras de Gaspé e da ilha de Cabo Breton... com um pai que não a amava e que ela não amava.

Jane não teve chance de conversar com a mãe. A avó certificou-se disso. Todas foram a um almoço na casa de tia Sylvia. Mamãe não parecia disposta a ir a lugar nenhum, e Jane almoçou sozinha. Não conseguiu comer nada.

– Está com dor de cabeça, senhorita Victoria? – perguntou Mary, com simpatia.

Sentia uma dor lancinante, mas não na cabeça. Uma dor que persistira por toda a tarde, adentrara a noite e ainda incomodava quando Jane acordou na manhã seguinte e lembrou-se do dia anterior. Jane acreditava que a dor cederia um pouco se ao menos pudesse conversar com a mãe, porém encontrou a porta do quarto dela trancada. Teve a impressão de que a mãe não queria conversar com ela, e aquilo doera mais que tudo.

Todas foram à missa. Era uma igreja grande, antiga e lúgubre no centro da cidade que os Kennedys sempre frequentaram. Jane gostava de ir à missa pelo motivo não muito louvável de que ali podia ficar na dela. Era possível ficar em silêncio sem que alguém perguntasse o que estava pensando. A avó era obrigada a deixá-la em paz na igreja. E, se não podia ser amada, a segunda melhor opção era ser deixada em paz.

Fora isso, Jane não se importava muito com a missa; não compreendia bem o sermão, mas gostava da música e de alguns hinos. Às vezes, algum verso a emocionava. Havia algo fascinante em corais da Índia e em montanhas gélidas, marés que se moviam indolentemente, ilhas com palmeiras que se agitavam ao vento, ceifadores que levavam tesouros da colheita para casa e anos que passavam como sombras sobre colinas ensolaradas.

Contudo, naquele dia, era como se nada pudesse alegrar Jane. Ela odiou a luz do sol fraca que se esgueirava entre as nuvens detestáveis.

Como o sol ainda se atrevia a brilhar com o destino dela em risco? O sermão parecia interminável, as orações eram tediosas, e nem um verso sequer dos hinos a tocou. Mesmo assim, fez uma prece desesperada.

– Por favor, Deus – sussurrou –, faça com que tio William diga que não preciso ir.

Jane viveu em suspense até o fim do almoço de domingo. Comeu muito pouco. Encarou o tio com temor durante toda a refeição, imaginando se Deus poderia influenciá-lo. Estavam todos ali: tio William e tia Minnie, tio David e tia Sylvia. Após o almoço, eles foram para a biblioteca e se sentaram em círculo, apreensivos, enquanto tio William colocava os óculos e lia a carta. Jane imaginou que todos podiam ouvir as batidas de seu coração.

Ele leu a carta, releu um parágrafo específico, comprimiu os lábios, dobrou a carta e a guardou no envelope, tirou os óculos, colocou-os de volta na caixinha, pigarreou e refletiu. Jane estava prestes a gritar.

– Suponho – declarou, afinal – que seja melhor deixá-la ir.

Ele prosseguiu; Jane não disse nada. A avó estava furiosa.

– Andrew Stuart poderia entrar na justiça se quisesse. E, sabendo quem ele é, acho provável que faça isso se você o irritar. Também acho que só está fazendo isso para nos provocar, mãe, e, quando perceber que não nos afeta, provavelmente nunca mais nos incomodará.

Jane subiu as escadas sozinha e foi para o quarto. Com desespero, examinou o cômodo grande, amplo e hostil. No espelho, viu seu reflexo em outro quarto escuro e inóspito.

– Deus não é bondoso – afirmou distinta e deliberadamente.

CAPÍTULO 10

– Acho que seu pai e sua mãe teriam continuado juntos se não fosse por você – disse Phyllis.

Jane contraiu o rosto em uma careta. Não fazia ideia de que a prima sabia sobre o pai. Pelo visto, ela era a única que não sabia. Não queria conversar sobre ele, mas Phyllis continuou falando.

– Não entendo por que fiz tanta diferença na vida deles – disse Jane com tristeza.

– Mamãe disse que seu pai tinha ciúme de todo o amor que tia Robin sentia por você.

"Essa é uma história muito diferente da que Agnes Ripley contou", pensou Jane. Agnes dissera que mamãe não a queria. Qual era a verdadeira? Talvez nenhuma das duas. De todo modo, Jane gostava mais da versão de Phyllis que da de Agnes. Era horrível imaginar que não deveria ter nascido, que mamãe não ficara contente em tê-la.

– Minha mãe falou – continuou Phyllis, ao perceber que Jane não tinha nada a dizer – que, se vocês morassem nos Estados Unidos, tia Robin poderia conseguir um divórcio em um piscar de olhos. Só que isso é mais difícil aqui no Canadá.

– O que é divórcio? – perguntou Jane ao se lembrar de que Agnes Ripley usara aquela mesma palavra.

Phyllis riu com arrogância.

– Victoria, você não sabe nada? Divórcio é quando duas pessoas se descasam.

– As pessoas podem se descasar? – arfou Jane, para quem aquela era uma ideia completamente nova.

– É óbvio, tolinha. Minha mãe disse que a sua deveria ir para os Estados Unidos e conseguir um divórcio, mas papai falou que ele não valeria aqui no Canadá; de qualquer maneira, os Kennedys não acreditam em divórcio. Ela falou também que a vovó não permitiria, por medo de que tia Robin se casasse com outra pessoa.

– Se... se mamãe conseguir um divórcio, isso significa que ele não será mais meu pai? – inquiriu Jane, esperançosa.

Phyllis não parecia ter tanta certeza.

– Acredito que não. Porém, o sujeito com quem ela se casar se tornará seu padrasto.

Jane desejava um padrasto tanto quanto um pai. Entretanto, voltou a ficar em silêncio, o que deixou Phyllis irritada.

– O que você acha de ir para a Ilha do Príncipe Edward, Victoria?

Jane não exporia a própria alma para a condescendente Phyllis.

– Não sei nada sobre aquele lugar – respondeu brevemente.

– *Eu* sei – disse Phyllis com altivez. – Passamos um verão lá, dois anos atrás. Ficamos hospedados em um hotel grande, em uma praia ao norte. É um lugar muito bonito. Acredito que você vai gostar de uma mudança de ares.

Jane sabia que detestaria. Tentou mudar de assunto, mas Phyllis pretendia esgotá-lo.

– Acha que vai se dar bem com seu pai?

– Não sei.

– Ele gosta de pessoas que sejam inteligentes, sabe, e você não é muito inteligente.

Jane não gostava de se sentir um verme. Phyllis sempre fazia com que se sentisse assim... quando não estava fazendo com que se sentisse uma sombra. E de nada adiantava ficar brava com a prima.

Phyllis nunca se zangava. Phyllis, todos diziam, era uma criança doce, com uma personalidade adorável. Ela simplesmente se sentia melhor que os outros. Às vezes, Jane achava que, se ela e a prima tivessem uma boa discussão, seria mais fácil gostar dela. Sabia que a mãe se preocupava um pouco por ela não ter muitas amigas da mesma idade.

– Sabe – continuou Phyllis –, esse foi um dos motivos. Tia Robin achava que não era esperta o bastante para ele.

Foi a gota d'água.

– Não quero mais falar da minha mãe... ou dele – Jane respondeu séria e com bastante firmeza.

Aquilo deixou Phyllis um pouco aborrecida, e o restante da tarde foi um fracasso. Jane ficou mais agradecida que de costume quando Frank chegou para buscá-la.

Pouco se falava, no número 60 da Rua da Alegria, sobre a ida de Jane para a Ilha. Como os dias passavam rápido! Jane desejou poder conter o tempo. Uma vez, quando era bem pequena, ela perguntara à mãe: "Não há um jeito de parar o tempo, mamãe?". Recordava-se de que a mãe apenas suspirara e respondera: "Não podemos parar o tempo, querida". E agora o tempo seguia em frente obstinadamente – tique, taque, tique, taque... alvorecer, anoitecer –, aproximando-se do dia em que ela seria arrancada dos braços da mãe. Seria no início de junho. A St. Agatha entrava de férias antes das outras escolas. A avó a levou até Marlborough no fim de maio e lhe comprou roupas muito bonitas, muito melhores que as que já tinha. Em circunstâncias comuns, ela teria adorado o casaco azul e o pequeno e charmoso chapéu da mesma cor, com o minúsculo laço escarlate, e o lindo vestido branco com ilhós vermelhos bordados e um cinto de couro rubro. Phyllis não tinha nada parecido. Contudo, Jane não conseguia se interessar por eles.

– Acho que ela não terá muitas oportunidades de usar roupas finas lá – comentou a mãe.

– Ela vai vestida adequadamente – disse a avó. – Vou me certificar de que ele não precise comprar roupas para ela. E Irene Fraser não terá motivos para fazer nenhum comentário. Suponho que ele more em algum muquifo, do contrário não a estaria obrigando a ir para lá. Nunca alguém lhe ensinou, Victoria, que não é educado passar a manteiga na fatia de pão de uma só vez? E seria possível, só para variar, fazermos uma refeição sem que você derrube o guardanapo o tempo todo?

Mais que nunca, Jane temia a hora das refeições. A apreensão a deixava nervosa, e a avó implicava com tudo. Desejou nunca ter de se sentar à mesa de novo, mas infelizmente não era possível viver sem se alimentar de vez em quando. Jane comia muito pouco. Não tinha apetite, e sua magreza ficava cada dia mais evidente. Não conseguia se concentrar nos estudos e quase repetiu de ano, enquanto Phyllis passou com menção honrosa.

– Era de esperar – disse a avó.

Jody tentou consolá-la.

– Vai passar rápido, Jane. Afinal, serão só três meses.

Três meses longe da mãe adorada e na presença do pai que detestava pareciam uma eternidade para Jane.

– Você escreverá para mim, Jane? Escreverei para você se conseguir alguns selos. Tenho dez centavos agora. Foi a senhora Ransome que me deu. Dá para comprar três selos.

Então, Jane contou a Jody algo de partir o coração.

– Escreverei com frequência, Jody. Mas só poderei mandar uma carta por mês para mamãe. E não devo mencioná-lo.

– Cacei a Ilha do Príncipe Edward no mapa – disse Jody, com os olhos castanho-escuros e aveludados cheios de simpatia. – Há um montão de água em volta dela. Você não tem medo de cair da beirada?

– Creio que não me importaria – disse Jane, desanimada.

CAPÍTULO 11

Jane viajaria para a Ilha com o senhor e a senhora Stanley, que estavam indo visitar uma filha casada. De alguma forma, Jane conseguira sobreviver aos últimos dias. Estava determinada a não causar nenhum transtorno, porque isso só pioraria as coisas para mamãe. Não havia mais confidências antes de dormir e carinhos entre elas nem palavras tenras e amorosas sussurradas em momentos especiais. E Jane conhecia dois motivos. Um deles era que mamãe não tinha mais estrutura para isso, e o outro era que vovó a proibira categoricamente. Porém, na última noite de Jane no número 60 da Rua da Alegria, mamãe entrou de fininho no quarto dela enquanto a avó se ocupava com as visitas.

– Mamãe... mamãe!

– Querida, seja corajosa. Afinal, serão apenas três meses, e a Ilha é um lugar maravilhoso. Você pode até... se eu soubesse... oh, agora isso não importa. Nada mais importa. Querida, gostaria que me prometesse uma coisa. Não fale de mim para seu pai.

– Prometo – sussurrou Jane. Era uma promessa fácil. Ela não se imaginava conversando com ele sobre a mãe.

– Ele vai gostar mais de você se... se... achar que você não me ama muito. – As pálpebras brancas da mãe cobriram os olhos azuis. No entanto, Jane flagrara um olhar. Era como se o coração dela estivesse prestes a arrebentar.

O céu ao amanhecer era vermelho-sangue, mas logo ganhou tons cinzentos. Ao meio-dia, começou a chuviscar.

– Acho que o céu está triste com sua partida – disse Jody. – Também sentirei sua falta. E... não sei se estarei aqui quando voltar. A senhorita West disse que vai me colocar em um orfanato. Não quero ir para um orfanato, Jane. A senhorita Ames trouxe esta linda concha para mim das Índias Ocidentais. É o único tesouro que tenho. Quero que a leve com você, porque, se eu for para um orfanato, acho que não me deixarão ficar com ela.

O trem partiria para Montreal às onze naquela noite, e Frank levou Jane e a mãe até a estação. Obedientemente, dera um beijo de boa noite na avó e em tia Gertrude.

– Se sua tia Irene Fraser estiver na Ilha, diga que mando lembranças – disse a avó. Havia um sutil tom de exultação na voz dela. Jane teve a impressão de que a avó queria provocar tia Irene, como se dissesse: "Ela se lembrará de mim". E quem era tia Irene?

A casa número 60 parecia fazer uma careta à medida que a limusine se afastava. Nunca gostara de Jane, e Jane nunca gostara dela; mesmo assim, a menina sentiu como se os portões da vida estivessem se fechando atrás de si quando a porta foi trancada. Ela e a mãe não conversaram enquanto percorriam a cidade naquela noite chuvosa. Ela decidira que não ia chorar e não chorou. Seus olhos estavam arregalados e aflitos, mas sua voz soou fria e serena ao se despedir. A última lembrança que Robin Stuart guardou da filha foi a de uma menina valente e indomável, que acenava para ela conforme a senhora Stanley a ajudava a subir no vagão principal.

JANE DE LANTERN HILL

Eles chegaram a Montreal pela manhã, e ao meio-dia pegaram o Maritime Express[2]. O nome do trem viria a ser motivo de empolgação e êxtase para Jane, mas não agora. Chovera o dia todo. A senhora Stanley apontou para as montanhas, mas Jane não demonstrou interesse. A senhora Stanley a achou muito tensa e calada, e enfim a deixou em paz, atitude pela qual Jane quase agradeceu a Deus de joelhos. Montanhas! Quando a cada minuto ela se afastava mais da mãe!

No dia seguinte, eles foram para New Brunswick sob uma chuva desalentadora e um céu cinza-claro. Ainda chovia quando chegaram a Sackville e fizeram baldeação para uma linha secundária que os levaria até a vila de Cabo Tormentine.

– Lá, pegaremos uma balsa para a Ilha – explicou a senhora Stanley. Ela desistira de tentar conversar com a menina, concluindo que Jane era a criança mais estúpida que já conhecera. Nem desconfiava de que o silêncio era o único bastião de Jane contra as lágrimas desesperadas e rebeldes. E Jane NÃO IRIA chorar.

Não chovia quando chegaram à vila. Ao embarcarem na balsa, o sol parecia uma bola vermelha e achatada em meio às nuvens ao oeste. Contudo, logo o tempo voltou a fechar. A luz cinzenta entrecortava as nuvens de uma cor encardida. Quando voltaram a pegar o trem, chovia mais forte que nunca. Jane ficara mareada durante o trajeto e agora estava terrivelmente cansada. Então, aquela era a Ilha do Príncipe Edward, aquela terra encharcada de chuva onde as árvores se encolhiam diante do vento e as nuvens pesadas pareciam tocar os campos. Jane não tinha olhos para os pomares em flor, os prados verdejantes ou as colinas com o cachecol de abetos escuros adornando seus ombros. A senhora Stanley avisou que estariam em Charlottetown em algumas horas e que o pai dela a viria buscar. O pai que não a amava, como dissera mamãe,

---

2   Trem de passageiros que interconectava as províncias marítimas do Canadá e o continente. (N. T.)

e que vivia em um muquifo, como dissera a avó. Ela não sabia mais nada sobre ele. Desejou saber alguma coisa sobre ele... qualquer coisa. Como era? Será que tinha bolsas sob os olhos como tio William? Será que piscava ao final de cada frase como o velho senhor Doran, quando ia visitar a avó?

Milhares de quilômetros, que mais pareciam milhões, separavam-na de mamãe. Ela foi acometida por uma brutal e terrível solidão. O trem chegou à estação.

– Aqui estamos, Victoria – disse a senhora Stanley, com alívio.

CAPÍTULO 12

No instante em que Jane colocara os pés fora do trem, uma mulher lançou-se sobre ela, exclamando:

– ESSA é Jane Victoria? Será mesmo que essa é minha muito QUERIDA Jane Victoria?

Jane não gostava de pessoas que se aproximavam daquele jeito... e não estava se sentindo ela mesma naquele momento.

Jane se afastou e a encarou com um de seus olhares diretos e inabaláveis. Era uma dama muito bonita, de cerca de quarenta e cinco ou cinquenta anos, com olhos azul-claros e cabelos acaju ondulados e macios que emolduravam o rosto plácido de pele sedosa. Seria tia Irene?

– Jane, por favor – disse com polidez e distinção.

– Ela é igualzinha à vovó Kennedy, Andrew – contou tia Irene para o irmão na manhã seguinte. E então riu com um gorgolejo breve e divertido.

– Que criança mais adorável e engraçada! É claro que vou chamá-la de Jane. Posso chamá-la como preferir. Sou sua tia Irene. Mas suponho que nunca ouviu falar de mim.

– Sim, já ouvi falar. – Jane beijou obedientemente a bochecha da tia. – Vovó mandou lembranças.

– Oh! – A voz doce de tia Irene ganhou um sutil e repentino amargor. – É muita gentileza da parte dela... MUITA gentileza. Agora, imagino que esteja se perguntando por que seu pai não está aqui. Ele pretendia estar, mas o carro quebrou no meio do caminho. Ele mora em Brookview, sabe? Telefonou avisando que só conseguirá vir amanhã de manhã e me pediu para receber e acolher você nesta noite. Oh, senhora Stanley, não vá embora antes que eu lhe agradeça por ter trazido nossa querida garotinha em segurança. Somos imensamente gratos.

– Foi um prazer – disse a senhora Stanley, com educação e falsidade. Em seguida, apressou-se para ir embora, aliviada por ter se livrado daquela criança silenciosa que passara a viagem inteira com a expressão de um mártir cristão a caminho dos leões.

Jane se sentia sozinha no universo. Tia Irene não fazia diferença nenhuma. Jane não gostava dela. E gostava menos ainda de si mesma. O que havia de errado com ela? Por que não conseguia gostar de ninguém? Outras garotas gostavam dos tios e das tias. Ela seguiu a tia até o táxi que já as aguardava.

– Que noite horrível, querida... Mas o país precisa de chuva. Estamos sofrendo há semanas. Você provavelmente a trouxe consigo. Bem, daqui a pouco estaremos em casa. Estou feliz em receber você. Disse a seu pai que você deveria ficar lá em casa. Seria tolice da parte dele levá-la para Brookview. Ele mora em uma pensão, dois cômodos sobre a mercearia de Jim Meade. Ele vem para a cidade nos invernos, é claro. Se bem que... Bem, talvez você não saiba, querida Jane, quão determinado seu pai pode ser quando põe alguma coisa na cabeça.

– Não sei nada sobre ele – disse Jane desesperadamente.

– Suponho que não. Suponho que sua mãe nunca tenha falado dele.

– Nunca – respondeu Jane, com relutância. As perguntas de tia Irene pareciam carregar algum significado oculto. Jane logo aprenderia que isso era caraterístico das perguntas da tia. Ela apertou ternamente a mão de Jane, que vinha segurando desde que a ajudara a entrar no táxi.

– Pobrezinha! Sei exatamente como se sente. Não acho que seu pai tenha agido certo ao enviar aquela carta. Não sei por que fez isso. Não

JANE DE LANTERN HILL

consigo compreender os motivos dele, por mais que seu pai e eu sejamos muito próximos um do outro... muito próximos, querida. Sou dez anos mais velha e sempre fui mais uma mãe que uma irmã para ele. Chegamos, querida.

A casa para a qual Jane fora levada era receptiva e elegante, assim como a própria tia Irene; todavia, ela se sentiu como um pardal solitário sobre um telhado desconhecido. Na sala de estar, a tia tirou o chapéu e o casaco de Jane e arrumou os cabelos dela antes de colocar o braço ao redor de sua cintura.

– Agora, deixe-me dar uma boa olhada em você. Não tive chance de fazer isso na estação e não a vejo desde que você tinha três anos.

Jane não queria ser examinada, por isso se encolheu e se afastou sutilmente. Apesar da doçura na voz e nos modos de tia Irene, Jane sentia que havia algo não muito amistoso por trás da atitude dela.

– Você não se parece nem um pouco com sua mãe. Ela era a moça mais linda que já se viu. Você é a cara do seu pai, querida. Agora, vamos comer alguma coisa.

– Oh, por favor, não – exclamou Jane impulsivamente. Sabia que não conseguiria comer nada... Não valia a pena tentar.

– Só um pouquinho... só um pouquinho – disse tia Irene, como se estivesse convencendo um bebê. – Fiz um bolo de chocolate com menta delicioso. Na verdade, eu o preparei pensando em seu pai. Ele é como um garoto, às vezes... É louco por doces. Sempre achou meus bolos de chocolate perfeitos. Sua mãe tentou aprender a fazer bolos como os meus, mas... bem, é um dom. Ou você sabe ou não sabe. Ninguém esperava que uma bonequinha como ela fosse se tornar uma cozinheira... ou uma dona de casa, aliás. Foi o que eu disse a seu pai inúmeras vezes. Os homens nunca compreendem as coisas, não é mesmo? Esperam tudo de uma mulher. Sente-se, Janie.

"Janie" era o fim da picada. Ela não seria "Janie".

– Obrigada, tia Irene – disse com muita educação e bastante firmeza –, mas não conseguiria comer, e seria inútil tentar. Por favor, posso ir me deitar?

Tia Irene deu umas palmadinhas no ombro dela.

– É claro, pobrezinha. Você está exausta, e tudo é muito diferente. Sei como é difícil. Vamos até seu quarto.

O quarto era muito bonito. As paredes eram decoradas com tapeçarias de motivos florais, e a colcha de seda sobre a cama era tão macia e refinada que parecia nunca ter sido usada. Tia Irene a removeu sem cerimônia e puxou os lençóis.

– Espero que durma bem, querida. Você não sabe quanto significa ter você aqui, dormindo sob meu teto. A garotinha do Andrew, minha única sobrinha. Sempre gostei tanto da sua mãe... No entanto, bem, acho que ela não gosta realmente de mim. Sempre tive essa impressão, mas nunca deixei que isso atrapalhasse nossa convivência. Ela não gostava de ver seu pai conversar comigo. Dava para notar. Era muito mais nova que ele, praticamente uma criança. Era natural que ele me procurasse para pedir conselhos, como sempre fez. Ele tem o costume de conversar primeiro comigo sobre as coisas. Acho que ela sentia um pouco de ciúme... e nem podia evitar, sendo filha da senhora Robert Kennedy. Nunca se deixe levar pelo ciúme, Janie. Ele destrói mais vidas que qualquer outra coisa. Aqui está um edredom, se sentir frio à noite. Noites chuvosas na Ilha do Príncipe Edward tendem a ser geladas. Boa noite, querida.

Sozinha no quarto, Jane olhou ao redor. O abajur tinha desenhos de rosas e uma franja de contas. Por algum motivo, não gostou dele. Era muito chique e bonito, assim como tia Irene. Ela apagou a luz. Então, foi até a janela. A chuva tamborilava sobre o vidro e o telhado da varanda. Jane não conseguia enxergar mais além. Um aperto no peito lhe dizia que aquela terra estranha, sombria e sem estrelas jamais poderia ser seu lar.

– Se ao menos mamãe estivesse aqui – sussurrou. E, embora sentisse que a vida lhe fora arrancada do peito e feita em pedaços, ela não chorou.

CAPÍTULO 13

Jane estava tão cansada depois das noites insones no trem que acabou adormecendo quase imediatamente. No entanto, ainda estava escuro quando acordou. A chuva havia parado. Um facho de luz cruzava a cama. Saiu dos lençóis perfumados de tia Irene e foi até a janela. O mundo se transformara. O céu estava limpo, e algumas estrelas longínquas e brilhantes espiavam a cidade adormecida. Uma árvore não muito distante estava coberta de flores prateadas. O luar vertia de uma lua cheia que mais parecia uma bolha imensa pairando sobre o que deveria ser uma baía ou um porto, e uma trilha cintilante e esplêndida abria-se no mar. Então, havia uma lua na Ilha do Príncipe Edward. Só agora ela acreditava em sua existência. E era tão polida que agradaria até uma rainha. Era como ver uma velha amiga. Aquela lua observava Toronto e a Ilha do Príncipe Edward. E talvez iluminasse Jody, adormecida no quartinho do sótão, ou mamãe, chegando tarde de algum evento divertido. Imagine se ela estivesse olhando para a lua naquele exato instante! De repente, ela não se sentiu mais a milhares de quilômetros de Toronto. A porta se abriu, e tia Irene entrou, de camisola.

– Querida, está tudo bem? Ouvi você se levantar e tive medo de que estivesse doente.

– Só me levantei para ver a lua – disse Jane.

– Como você é engraçada! Nunca viu a lua antes? Você me assustou. Agora, seja boazinha e volte para a cama. Vai querer estar bem-disposta para receber seu pai.

Jane não queria parecer bem-disposta para ninguém. Seria vigiada o tempo todo ali? Jane se deitou em silêncio, e a tia arrumou as cobertas pela segunda vez. Mas não conseguiu dormir.

Depois de uma longa noite, a manhã finalmente chegou. O dia que seria tão maravilhoso para Jane começou como qualquer outro. O céu repleto de nuvens finas e onduladas incendiou-se. O sol nasceu como de costume. Jane não quis se levantar muito cedo, por medo de alarmar tia Irene, mas por fim saiu da cama e abriu a janela. Não sabia que estava diante de uma das visões mais lindas do planeta: uma manhã de junho na Ilha do Príncipe Eduardo. Todavia, estava ciente de que o mundo parecia completamente diferente. Uma onda de perfume a envolveu, oriunda da cerca viva de lilases entre a casa de tia Irene e o vizinho. Os álamos verdes em um canto do jardim pareciam chacoalhar de tanto rir. Uma macieira estendia os braços acolhedores. Havia campos polvilhados com margaridas lá do outro lado porto, onde gaivotas brancas rondavam e mergulhavam no ar úmido e adocicado após a chuva. A casa de tia Irene ficava nos arredores da cidade, e uma estrada de terra passava por trás dela, uma estrada quase vermelho-sangue em sua umidade cintilante. Jane jamais imaginara uma estrada de cor tão viva.

"Ora... até que a Ilha do Príncipe Edward é um lugar bonito", pensou, quase de má vontade.

O café da manhã foi a primeira provação. O apetite de Jane continuava o mesmo da noite anterior.

– Acho que não conseguirei comer nada, tia Irene.

– Mas você precisa, querida. Vou amá-la, mas não mimá-la. Imagino que as coisas sempre foram do seu jeito. Seu pai pode chegar a qualquer minuto. Sente-se e coma seu cereal.

Jane tentou. A tia preparara uma mesa considerável para ela: suco de laranja, cereais com um creme espesso e dourado, torradas triangulares saborosas, um ovo perfeitamente escalfado e geleia de maçã entre o âmbar e o carmesim. Não havia dúvida de que tia Irene era uma ótima cozinheira. Entretanto, Jane nunca tivera tanta dificuldade para engolir uma refeição.

– Não precisa ficar nervosa, querida – disse tia Irene, como se estivesse conversando com uma criancinha que precisasse se acalmar.

Jane não achava que estivesse nervosa. Sentia apenas uma sensação esquisita de vazio que nada, nem o ovo, era capaz de preencher. Após o desjejum, descobriu que esperar era uma das tarefas mais difíceis do mundo. Mas tudo chega ao fim em um algum momento, e uma hora depois, quando tia Irene anunciou "seu pai chegou", Jane teve a impressão de que tudo chegara ao fim.

As mãos de Jane começaram a suar, e a boca ficou seca. O tique-taque do relógio de repente parecia anormalmente alto. Houve uma batida na porta. Ela foi aberta, revelando uma pessoa parada na soleira. Jane se levantou, mas não conseguiu erguer o olhar. Simplesmente não conseguia olhar.

– Eis a sua filhinha – disse tia Irene. – Ela não é um tesouro, Drew? Um pouco alta para a idade, talvez, porém...

– Uma jade de cabelos ruivos – disse uma voz.

Cinco meras palavras que mudaram a vida de Jane. Talvez tenha sido mais a voz que as palavras, uma voz que fizera que aquilo soasse como um maravilhoso segredo que apenas os dois compartilhavam. Jane então recobrou as forças e olhou para cima.

Sobrancelhas arqueadas, cabelos castanho-avermelhados para trás, a boca com as curvinhas nos cantos dos lábios, o maxilar quadrado com o queixo fendido, os olhos cor de avelã sérios, com as rugas joviais... Aquele rosto era tão familiar quanto o próprio rosto de Jane.

– Kenneth Howard – arfou Jane. Ela deu um passo inconsciente na direção dele.

No instante seguinte, ele a ergueu nos braços e a beijou. Ela beijou o rosto dele, completamente à vontade. Pela primeira vez, Jane sentiu a misteriosa ligação entre almas que nada tem que ver com parentesco. Esqueceu-se de que já odiara o pai. Gostava dele. Gostou de cada detalhe, desde o cheiro de tabaco no terno de *tweed* cor de urze até a firmeza dos braços que a envolviam. Queria chorar, o que estava fora de questão, de maneira que riu em vez disso... com entusiasmo demais, talvez, pois tia Irene dissera em tom de comiseração:

– Pobrezinha, não é à toa que está um pouco histérica.

O pai a colocou no chão e a examinou. Toda a severidade do olhar transformara-se em alegria.

– Você está histérica, minha Jane? – disse com a voz grave. Como ela gostou de ser chamada de "minha Jane" daquele jeito!

– Não, papai – disse com a mesma solenidade. Ela nunca mais voltou a se referir ao pai com um reles "ele".

– Deixe-a comigo por um mês e eu a engordarei – sorriu tia Irene.

Jane sentiu uma leve pontada de desânimo. E se o pai fizesse isso? É claro que ele não tinha a intenção de fazer algo do tipo. Ele a colocou a seu lado no sofá e continuou com o braço sobre os ombros dela. De repente, tudo estava bem.

– Creio que ela não precise engordar. Gosto dos ossos dela.

Ela sabia que ele a estava avaliando com o olhar, mas isso não a incomodou. Jane só queria desesperadamente que ele gostasse dela. Será que estava desapontado por ela não ser bonita? Será que achava a boca grande demais?

– Sabia que tem ossos adoráveis, Janekin?

– Ela tem o nariz da vovó Stuart – disse tia Irene com tom evidente de aprovação, apesar de Jane ter tido a impressão de que deixara vovó Stuart sem nariz. Ela preferiu o que o pai dissera:

– Gosto mais dos seus cílios, Jane. Aliás, você gosta de ser chamada de Jane? Sempre a chamei assim, mas talvez isso soe como um xingamento para você. Quero saber qual nome representa seu verdadeiro EU e qual não passa de um fantasma.

– Oh, sou a Jane! – exclamou. E como estava feliz por ser a Jane!

– Então está decidido. E você me chama de papai? Receio que seria um "pai" terrivelmente inapto, mas acho que conseguiria ser um "papai" tolerável. Sinto muito não ter vindo na noite passada. Meu jovial, desonroso e velho carro resolveu quebrar no meio da estrada. Consegui fazê-lo voltar à vida nesta manhã, por tempo suficiente para dar um pulo na cidade. Nosso modo de locomoção é motivo de comentários divertidos aqui na Ilha do Príncipe Edward, contudo, acredito que ele terá de passar um tempo na oficina. Depois do almoço, daremos uma volta pela Ilha, Jane, para que você a conheça.

– Eu já a conheço – disse Jane com tranquilidade. Sentia como se a conhecesse havia anos. Sim, "papai" era melhor que "pai". "Pai" tinha conotações desagradáveis... Ela odiara o pai. Seria mais fácil amar o papai. Jane abriu a câmara mais secreta de seu coração e permitiu que ele entrasse... Não, ela o encontrara ali. Pois papai era Kenneth Howard, e Jane amava Kenneth Howard havia muito, muito tempo.

– Essa tal de Jane sabe das coisas – comentou papai, olhando displicentemente para o teto.

CAPÍTULO 14

Jane descobriu que aguardar por algo agradável era muito diferente de esperar por algo indesejável. A senhora Stanley não a teria reconhecido com o brilho nos olhos, rindo. A manhã parecia longa porque ela ansiava em estar com o papai de novo... e longe de tia Irene. Ela não parava de fazer perguntas sobre a vovó, a mamãe e o número 60 da Rua da Alegria. Para sua decepção, a garota não estava disposta a ser interrogada. Por mais astutas que fossem as perguntas, Jane tinha um jeito desconcertante de responder apenas "sim" ou "não" e de ficar em silêncio diante dos comentários sugestivos disfarçados de curiosidade.

– Vovó Kennedy é bondosa com você, Janie?

– Muito – respondeu prontamente. Até porque a avó ERA bondosa com ela. A St. Agatha, as aulas de música, as belas roupas, a limusine e as refeições balanceadas eram evidências disso. Tia Irene examinara com atenção as roupas dela.

– Ela nunca simpatizou com seu pai, Janie, sabia? Pensei que talvez descontasse o rancor em você. Foi ela quem causou todos os problemas entre ele e sua mãe.

Jane nada disse. Não conversaria sobre aquela amargura secreta. Frustrada, tia Irene desistiu.

Papai voltou ao meio-dia sem o carro, mas com um cavalo e uma charrete.

– Vai levar o dia inteiro para consertá-lo. Peguei a charrete de Jed Carson emprestada e a devolverei quando trouxer o carro e a mala de Jane. Já andou de charrete, Jane?

– Vocês não vão sair sem almoçar primeiro – disse tia Irene.

Jane gostou do almoço, tendo comido quase nada desde que partira de Toronto. Esperava que papai não achasse que o apetite dela era voraz. Até onde sabia, ele era pobre, aquele carro não parecia ser caro, e outra boca para alimentar seria inconveniente. Papai, evidentemente, estava desfrutando do almoço, em especial do bolo de chocolate e menta. Jane desejou saber como prepará-lo, mas decidiu que não pediria à tia para ensinar-lhe.

Tia Irene cobriu o papai de mimos. Ela ronronou para ele... literalmente. E papai adorou isso e as frase melosas dela, assim como adorara o bolo. Jane percebeu com clareza.

– Não é justo levá-la para aquela pensão em Brookview – comentou a tia.

– Talvez eu alugue uma casa para o verão – disse papai. – Acha que conseguiria manter uma casa limpa, Jane?

– Sim – disse Jane no mesmo instante. Ela CONSEGUIRIA. Sabia como uma casa deveria ser limpa, apesar de nunca ter limpado uma. Há pessoas que nascem sabendo algumas coisas.

– Você sabe cozinhar? – perguntou tia Irene, piscando para papai como se tivesse feito uma piada deliciosa. Jane ficou feliz em ver que papai não piscara de volta. Ele também a poupou do doloroso suplício de ter que responder.

– Qualquer descendente da minha mãe sabe cozinhar – disse ele. – Venha, Jane, "veste-te de tuas roupas formosas[3]" e vamos passear.

---

3   Referência ao Antigo Testamento, Isaías 52:1. (N. T.)

Enquanto descia as escadas com o chapéu e o casaco, ela não pôde deixar de ouvir tia Irene na sala de jantar.

– Ela é um tanto misteriosa, Andrew. Confesso que não gosto disso.

– Ela sabe ser reservada, não é? – disse papai.

– É mais que isso, Andrew. Ela é intensa... escreva o que estou dizendo: ela é intensa. A memória da velha senhora Kennedy está viva dentro dela. Mas também é uma garotinha muito doce. Não podemos esperar que não tenha defeitos. E, se houver alguma coisa que eu possa fazer por ela, é só me avisar. Seja paciente, Andrew. Você sabe que não a ensinaram a amá-lo.

Jane rangeu os dentes. A ideia de ser "ensinada a amar" era... ora, era engraçada! A irritação com tia Irene dissolveu-se em um riso travesso, tão breve e abafado quanto o pio de uma coruja.

– CUIDADO com a hera venenosa – disse tia Irene enquanto se afastavam. – Ouvi dizer que há um monte delas em Brookview. CUIDE BEM dela, Andrew.

– Você entendeu errado, Irene, como fazem todas as mulheres. Qualquer pessoa pode ver, com um olho só, que é a Jane que vai tomar conta de MIM.

Jane sentia a alma repleta de felicidade. A sensação quentinha no coração a acompanhou até o outro lado da Ilha. Ela mal podia acreditar que, até algumas horas atrás, era a criatura mais infeliz do mundo. Era divertido andar de charrete; adoraria ter se inclinado e dado umas palmadas na traseira delgada da égua jovem que a puxava. Ela não percorria com rapidez os longos quilômetros de terra vermelha como um carro faria, mas Jane não se importava. A estrada estava repleta de surpresas adoráveis: um vislumbre de colinas distantes que pareciam feitas de opala, uma lufada do vento que atravessara um campo de trevos, riachos que apareciam aqui e ali, adentrando bosques verdes e umbrosos adornados pelos galhos longos das samambaias de aroma pungente, grandes montanhas de nuvens brancas no céu anil, um recôncavo de botões-de-ouro avinhados, um rio incrivelmente azul interligado com o oceano. Para onde quer que olhasse, havia algo que a deleitasse. A paisagem parecia a ponto de sussurrar um segredo para a felicidade. E havia algo mais: a brisa marítima. Jane a sentiu pela primeira vez, respirou fundo e a sorveu.

– Coloque a mão no meu bolso direito – disse papai.

Jane encontrou um saquinho de caramelos. No número 60 da Rua da Alegria, ela não tinha permissão para comer doces entre as refeições, porém o número 60 estava a milhares de quilômetros.

– Pelo visto, nenhum de nós é muito de falar – disse papai.

– Não, mas acho que somos ótima companhia um ao outro – disse Jane, da melhor maneira que podia, com os dentes grudados em um caramelo.

Papai riu. Tinha uma risada gostosa e envolvente.

– Posso falar pelos cotovelos quando estou inspirado. Quando não, prefiro que as pessoas me deixem em paz. Você é dona do seu próprio coração, Jane. Estou feliz por tê-la trazido para cá. Irene foi contra. Mas sou um sujeito teimoso, minha Jane, quando decido que quero alguma coisa. E simplesmente me ocorreu que gostaria de me aproximar da minha filha.

Papai não perguntou da mãe. Jane ficou grata, por mais que soubesse que havia algo muito errado nisso. Era muito errado mamãe ter pedido a Jane que não falasse dela com o pai. Oh, havia muitas coisas absolutamente erradas, mas uma era indiscutível e satisfatoriamente correta. Ela ia passar o verão inteiro com papai, e eles estavam ali juntos, percorrendo uma estrada que tinha vida própria e parecia correr nas veias dela como um rastro de pólvora aceso. Jane sabia que nunca havia se sentido tão à vontade em nenhum outro lugar, nem na companhia de outra pessoa.

No entanto, aquele passeio maravilhoso tinha que terminar.

– Logo chegaremos a Brookview – avisou papai. – É onde estou morando neste ano. Ainda é um dos lugares mais tranquilos do mundo. Alugo um apartamento de dois cômodos em cima da loja de Jim Meade. A senhora Meade prepara as refeições para mim e acha que sou um lunático inofensivo porque escrevo.

– Sobre o que escreve, papai? – perguntou Jane, pensando em "Soluções Pacíficas para Dificuldades Internacionais".

– Um pouco de tudo, Jane. Histórias, poemas, ensaios, artigos sobre diversos assuntos. Já escrevi até um livro. Só que não encontrei quem o publicasse. Por isso, voltei a escrever para periódicos. Seu pai é um Milton[4] inglório, Jane. A você posso confidenciar meu maior sonho: escrever um épico sobre a vida de Matusalém[5]. Que tema! Bem, aqui estamos.

"Aqui" era um prédio que funcionava como armazém de um lado e uma casa do outro, em uma esquina onde duas estradas se cruzavam. A entrada da loja abria-se para uma das vias, e a frente da casa era protegida por uma paliçada e uma cerca viva de abetos. Jane aprendeu de uma vez por todas a arte de descer de uma charrete, e, em seguida, os dois passaram por um pequeno portão branco, com um pato preto de madeira em um dos mourões, e caminharam por uma passarela vermelha ladeada por grama e conchas de mariscos.

– Au, au! – latiu cordialmente um cachorrinho marrom e branco sentado em um dos degraus. Um aroma delicioso de biscoitos de gengibre quentes chegou até eles, quando a porta foi aberta por uma senhora idosa, uma figura esguia vestindo um avental branco com bordas em crochê de quinze centímetros e as bochechas mais coradas que Jane já vira na vida.

– Senhora Meade, esta é Jane – disse papai. – Ela é o motivo pelo qual terei que me barbear todas as manhãs, de agora em diante.

---

4   John Milton (1608-1674), considerado um dos maiores escritores ingleses. (N. T.)
5   Personagem bíblico famoso por ter vivido 969 anos. (N. T.)

JANE DE LANTERN HILL

– Que criança adorável – disse a senhora Meade ao beijá-la. Jane gostou mais do beijo dela que o de tia Irene.

Prontamente, a senhora Meade deu uma fatia de pão com manteiga e geleia de morango para Jane "forrar o estômago" antes da janta. Era geleia de morango silvestre, que ela nunca havia provado. A mesa foi posta em uma cozinha impecável, cujas janelas grandes estavam repletas de gerânios e begônias de folhas sarapintadas de prata.

"Adoro cozinhas", pensou Jane.

Através de uma segunda porta que se abria para um jardim, ao sul, era possível ver os pastos verdes e distantes. A mesa no centro do cômodo estava coberta por uma linda toalha xadrez vermelha e branca. Havia uma panela baixa e larga cheia de feijões marrons e dourados diante do senhor Meade, que serviu uma porção generosa a Jane, além de um bolo de fubá salgado. O senhor Meade parecia um repolho de óculos, mas Jane simpatizou com ele.

Ninguém repreendeu Jane por algo que fizera ou deixara de fazer.

Ninguém fez Jane se sentir tola, estúpida ou incapaz. Quando terminou o bolo, o senhor Meade colocou outra fatia no prato dela, sem nem perguntar se ela queria.

– Coma tudo que quiser, só não guarde nada, nada, nos bolsos – falou de maneira solene.

O cachorro marrom e branco estava sentado ao lado dela, olhando para cima com olhos famintos e esperançosos. Ninguém percebeu quando Jane lhe deu alguns pedaços de bolo.

O senhor e a senhora Meade foram os que mais falaram. Conversaram sobre pessoas das quais Jane nunca ouvira falar; mesmo assim, por algum motivo, ela gostou de ouvir. Quando a senhora Meade disse, em tom grave, que o pobre George Baldwin estava muito doente por causa de uma úlcera no estômago, Jane e papai riram um para o outro através do olhar, apesar de o rosto de ambos ter permanecido tão solene quanto o da senhora Meade.

Uma onda de contentamento aqueceu o peito de Jane. Era ótimo ter alguém com quem compartilhar uma piada. Imagine só rir com os olhos para alguém no número 60 da Rua da Alegria! Ela e a mãe trocavam olhares, mas nunca se atreviam a rir.

A lua nascia no leste quando Jane foi para a cama no quarto de hóspedes da senhora Meade. A cômoda e o lavatório eram muito baratos, a cama era de ferro e esmaltada em branco, e o assoalho, pintado de marrom. Porém, havia um maravilhoso tapete trançado com desenhos de rosas, samambaias e folhas outonais; as primorosas cortinas de renda engomadas eram brancas como a neve, e os papéis de parede eram muito bonitos, com buquês de margaridas prateadas rodeados por círculos de fitas azul-claras sobre um fundo bege, e um grande gerânio escarlate com folhas aveludadas e perfumadas sobre uma mesinha diante de uma das janelas.

O quarto era acolhedor. Jane dormiu feito uma pedra e levantou-se quando a senhora Meade acendia o fogão. Ela lhe deu uma rosquinha gorda para forrar o estômago até o café da manhã e pediu que esperasse no jardim o pai descer. O silêncio reinava na manhã orvalhada. O vento trazia uma variedade de cheiros da Ilha. As bordas dos pequenos canteiros eram forradas de bem-me-queres, e em um canto havia um arbusto temporão de peônias rubras. Em um pasto ali perto, vacas ruminavam a grama de tons verde-claro e dourado, e uma dezena de galinhas de penas eriçadas corria de um lado para o outro. Um passarinho amarelo se balançava em um galho de buquê-de-noiva. O cachorro marrom e branco seguia Jane por toda parte.

Jane avistou uma carriola engraçada de duas rodas que nunca vira passando na estrada; seu dono, um jovem esbelto de macacão, acenou para ela como se fossem velhos amigos. Ela acenou de volta com o que restava da rosquinha.

Como o céu era azul e vasto! Jane gostou do céu do interior.

"A Ilha do Príncipe Edward é um lugar exuberante", pensou, sem um pingo de má vontade.

Colheu uma rosa silvestre e a chacoalhou para tirar o orvalho, que molhou seu rosto. Que divertido lavar o rosto com uma rosa! Então se lembrou de que rezara para não ter que ir para lá.

– Acho que devo pedir desculpas a Deus – afirmou Jane.

CAPÍTULO 15

– Temos que comprar logo uma casa para nós, docinho – disse papai, indo direto ao assunto sem rodeios, como Jane viria a descobrir que era hábito dele.

Jane pensou por alguns instantes.

– "Logo" seria ainda hoje? – perguntou.

Papai riu.

– Talvez. Hoje é um dos dias em que me sinto razoavelmente bem. Vamos começar a procurar assim que Jed trouxer o carro.

Jed só trouxe o carro ao meio-dia, por isso eles resolveram almoçar antes de sair. A senhora Meade deu um saquinho de biscoitos amanteigados para que os dois forrassem o estômago até o jantar.

– Gosto da senhora Meade – Jane contou a papai, sentindo um calorzinho na alma ao perceber isso.

– Ela é o verdadeiro sal da terra – concordou o pai –, por mais que ache que o raio violeta é um evento meteorológico.

Para Jane, não fazia diferença se o raio violeta fosse um evento meteorológico ou não. Era bom o bastante estar ao lado de papai em um carro que faria Frank ter um acesso de raiva, chacoalhando por estradas de terra vermelha, ao mesmo tempo amigáveis e misteriosas, atravessando bosques alegres onde cerejeiras silvestres em flor despontavam aqui e ali, e percorrendo colinas onde as sombras das nuvens aveludadas deslizavam até desaparecerem nos vales anis. Havia casas por todos os lados naquela terra aprazível, e eles iriam comprar uma... "Vamos comprar uma casa, Jane", ele havia dito com a naturalidade de quem diz "Vamos comprar um cesto". Esplêndido!

– Quando fiquei sabendo que você viria, comecei a perguntar sobre imóveis na região. Ouvi falar de vários. Vamos dar uma olhada em todos antes de nos decidirmos. De que tipo de casa você gosta, Jane?

– Por qual tipo de casa você pode pagar? – respondeu Jane com seriedade. Papai riu.

– Ela tem um pouco do bom senso que ainda resta no mundo – disse para o céu. – Não podemos escolher algo caro, Jane. Não sou plutocrata. Mas também não estou no vermelho. Trabalhei bastante durante o inverno passado.

– "Soluções Pacíficas para Dificuldades Internacionais" – murmurou Jane.

– O que disse?

Jane lhe contou que simpatizara com a foto de Kenneth Howard e a recortara do jornal. Entretanto, não mencionou que a avó a rasgara nem a expressão de mamãe.

– O *Saturday Evening* é um bom cliente. Enfim, voltemos ao assunto em questão. Levando em conta as flutuações do mercado, de que tipo de casa você gostaria, minha Jane?

– Nada muito grande – respondeu, pensando na enormidade do número 60 da Rua da Alegria. – Gostaria de uma casa pequena, com algumas árvores ao redor, árvores jovens.

– Bétulas brancas? Adoraria uma ou duas. E alguns pinheiros de cor escura para contrastar. E a casa precisa ser verde ou branca para combinar com as árvores. Sempre quis uma casa verde e branca.

– Poderíamos pintá-la – comentou Jane.

– Sim, poderíamos. Boa ideia, Jane. Acho que descartei a casa ideal só porque era marrom. Precisamos também de pelo menos uma janela com vista para o golfo.

– Ela será próxima do golfo?

– Com certeza. Estamos indo para o distrito de Queen's Shore. Todas as casas de que ouvi falar ficam lá.

– Gostaria que a casa ficasse em uma colina – disse Jane em tom bastante tristonho.

– Vamos recapitular: uma casa branca e verde, ou que possa ser pintada, com árvores, de preferência bétulas e pinheiros, uma janela com vista para o mar ou uma colina. Parece-me muito possível. No entanto, tenho mais um requisito. Ela precisa ter mágica, Jane, mágica aos borbotões, e casas mágicas são raras, mesmo aqui na Ilha. Você faz alguma ideia do que estou falando, Jane?

A menina refletiu.

– Você quer sentir que a casa é SUA antes de comprá-la.

– Jane – disse papai –, você é boa demais para ser verdade.

Ele a observava atentamente conforme subiam uma colina, depois de passarem por um rio tão azul que fez Jane arfar, arrebatada... Um rio que corria para um porto de um azul ainda mais intenso. E, quando chegaram ao topo, surgiu diante deles algo ainda maior e índigo que Jane supôs ser o golfo.

– Oh! – exclamou. – Oh!

– Aqui é onde o mar começa. Gostou, Jane?

Jane assentiu, incapaz de falar. Já visitara o Lago Ontário, límpido e cintilante, mas... aquilo? Continuou a contemplá-lo fixamente, com um fascínio insaciável.

– Nunca pensei que algo pudesse ser tão azul – sussurrou.

– Você já o viu antes – disse papai com tranquilidade. – Talvez não saiba, mas ele está no seu sangue. Você nasceu na costa, em uma noite doce e assombrosa de abril, onde viveu durante três anos. Uma vez, levei-a até a praia e a banhei no oceano, para o horror de... de muitas pessoas. Você já havia sido propriamente batizada na igreja anglicana em Charlottetown, só que esse foi seu verdadeiro batismo. Você é filha do mar, e agora voltou para casa.

– Mas você não gostava de mim – disparou Jane sem pensar.

– Não gostava? Quem disse isso?

– A vovó. – Ela não havia sido proibida de mencioná-la ao pai.

– Aquela velha... – Papai se conteve. Uma máscara pareceu encobrir o rosto dele. – Não se esqueça de que estamos à procura de uma casa, Jane – disse com frieza.

Por um breve instante, Jane perdeu o interesse em procurar casas. Não sabia mais em que ou em quem acreditar. Achava que papai gostava dela... porém, será que era verdade? Talvez ele estivesse apenas fingindo. Então ela se lembrou de como ele a beijara.

"Ele gosta de mim agora", pensou. "Talvez não gostasse quando nasci; mas sei que agora gosta."

E voltou a se sentir feliz.

CAPÍTULO 16

Jane decidiu que procurar casas era divertido. Talvez passear de carro, conversar e ficar em silêncio com papai é que fosse divertido, pois a maioria das casas na lista dele não era interessante. A primeira que viram era muito grande; a segunda, muito pequena.

– Afinal, precisamos de espaço para o gato – disse papai.

– Você tem um gato? – quis saber Jane.

– Não. Podemos conseguir um, se quiser. Ouvi dizer que, neste ano, a safra de filhotes está ótima. Você gosta de gatos?

– Sim.

– Então teremos um montão deles.

– Não – disse Jane –, dois.

– E um cachorro. Não sei se gosta de cachorros, Jane, mas, se vai ter um gato, quero um cachorro. Não tenho um desde que...

Ele hesitou novamente, e de novo Jane teve a sensação de que ele estava prestes a dizer algo que ela adoraria ouvir.

A terceira casa era mais convidativa. Ficava na curva de uma estrada cheia de árvores que filtravam a luz do sol. Após a inspeção, eles a riscaram da lista. As tábuas do piso eram assimétricas e apontavam para todas as direções. As dobradiças das portas pareciam soltas. As janelas não abriam direito. Não havia despensa.

A quarta casa era muito pomposa, segundo papai, e os dois nem sequer cogitaram entrar na quinta, uma construção quadrada e sem pintura, com o quintal repleto de latas enferrujadas, baldes velhos, cestas de fruta, trapos e lixo.

– A próxima é a velha casa dos Jones – disse papai.

Não foi fácil encontrar a velha casa dos Jones. A nova ficava bem de frente para a estrada, mas foi preciso andar bastante por uma estradinha esburacada e negligenciada para encontrar a antiga. Era possível ver o golfo da janela da cozinha. Todavia, era muito grande, e os dois acharam que a vista dos fundos, voltada para os celeiros e o chiqueiro dos Jones, não era inspiradora. Assim, voltaram para a estrada principal, sentindo-se azarados.

A sétima parecia ter tudo que uma casa deveria ter. Era uma cabana pequena, nova e branca, com telhado vermelho e janelas de trapeira. O quintal era bem-cuidado, ainda que não tivesse árvores; havia uma despensa, um porão amplo e um belo assoalho. E uma vista maravilhosa do golfo.

Papai olhou para Jane.

– Você sente alguma mágica nela, minha Jane?

– Você SENTE? – desafiou Jane.

Ele balançou a cabeça.

– Absolutamente nada. E a mágica é indispensável; não foi desta vez.

Eles foram embora, deixando o proprietário da casa se perguntando quem eram aqueles dois lunáticos. O que diabos era mágica? Ele perguntaria ao construtor por que não colocara nenhuma ali. As duas casas seguintes se mostraram impossíveis.

– Creio que somos um par de tolos, Jane. Já olhamos todas as casas que sei que estão à venda. O que faremos agora? Engolir o orgulho e comprar aquela cabana?

– Vamos perguntar ao homem que está se aproximando se ele sabe de alguma casa que não vimos – disse Jane com compostura.

– Ouvi falar que Jimmy John tem uma – disse o homem. – Lá em Lantern Hill. A casa onde a tia dele morou, a Matilda Jollie. Parece que também já vem com alguns móveis. Você vai conseguir um preço bom se o bajular um pouco. Fica a três quilômetros de Lantern Hill, passando por Queen's Shore.

Jimmy John, Lantern Hill e tia Matilda Jollie! Jane teve a sensação de que havia mágica no ar.

Jane viu a casa primeiro... ou melhor, a janela do sótão, que piscava para ela no topo de uma colina. Eles tiveram que contornar a colina e seguir por uma estrada sinuosa que passava por dois diques, com pequenas samambaias que cresciam entre as pedras antigas e jovens abetos a curtos intervalos.

Então, diante deles, surgiu a casa... a casa DELES!

– Querida, cuidado para seus olhos não saltarem das órbitas – avisou solenemente papai.

Ela se escondia em uma pequena colina íngreme, em meio a samambaias. Era pequena. Caberia meia dúzia de casas iguais àquela no número 60 da Rua da Alegria. Havia um jardim, com um dique de pedra na outra extremidade, para impedir que ela escorregasse colina abaixo, uma paliçada, um portão com duas bétulas brancas inclinadas sobre ele e uma trilha de pedras chatas que levava até a porta da frente, que tinha oito painéis de vidro na metade de cima. Estava trancada, mas era possível ver o interior pelas janelas. Havia um quarto de bom tamanho de um lado, de frente para as escadas, e dois quartos menores do outro, cujas janelas eram voltadas para o lado da colina, onde as samambaias chegavam à altura da cintura em meio a pedras cobertas de musgo verde e macio.

Havia um velho fogão de pernas arqueadas na cozinha, uma mesa e algumas cadeiras. E um adorável armário com portas de vidro e puxadores de madeira em um canto.

JANE DE LANTERN HILL

De um lado da casa, havia um campo de trevos e, de outro, um bosque de bordos com pinheiros e abetos, separado do terreno por uma cerca de madeira coberta de líquen. Havia também uma macieira em um canto do jardim, com pétalas cor-de-rosa caindo suavemente, e um amontoado de pinheiros antigos do lado de fora do portão.

– Gostei do estilo desse lugar – disse Jane.

– Será que a vista vem com a casa? – perguntou papai.

Jane estava tão deslumbrada com a casa que ainda não reparara na vista. Ao virar-se, perdeu o fôlego. Nunca, nem em seus sonhos, vira algo tão maravilhoso.

Lantern Hill era o cume de um triângulo de terra que tinha o golfo como base e o porto de Queen's como um dos lados. Dunas prateadas e lilases os separavam do mar, formando uma barreira de um lado a outro do porto, onde as grandes e esplêndidas ondas azuis e brancas apostavam corrida até a extensa praia banhada pelo sol. Um farol se destacava contra o céu do outro lado do canal, e, para além do porto, havia colinas púrpura que sonhavam abraçando umas às outras. E, acima de tudo, havia o charme indefinível da paisagem da Ilha do Príncipe Edward.

Logo abaixo de Lantern Hill, envolto pela barreira de pinheiros no lado do porto e por um pasto no outro, havia um lago pequeno, definitivamente a coisa mais azul que Jane já vira.

– Isso é o que chamo de lago – disse papai.

Jane não disse nada de início. Conseguia apenas observar. Apesar de jamais ter estado ali, era como se conhecesse o lugar a vida inteira. A música da brisa do mar era uma canção nativa para ela. Sempre quis "pertencer" a algum lugar, e agora pertencia. Finalmente, sentia como se estivesse em casa.

– Então, o que achou? – perguntou papai.

Jane tinha tanta certeza de que a casa estava ouvindo que balançou o dedo para ele.

– *Psiu...*

– Vamos até a praia para podermos conversar – disse ele.

Era uma caminhada de quinze minutos até a praia. Eles se sentaram no tronco branco feito o osso de uma árvore que fora trazida sabe-se lá de onde. A brisa salgada açoitava-lhes o rosto; a espuma se desfazia sobre a areia; os alegres maçaricos voavam destemidamente ao redor deles.

"Como o ar salgado é limpo!", pensou Jane.

– Jane, suspeito de que haja goteiras no telhado.

– Você pode trocar algumas telhas.

– Há um monte de ervas-daninhas no quintal.

– Podemos arrancá-las.

– A casa já foi branca...

– Podemos pintá-la outra vez.

– A pintura da porta da frente está descascando.

– Tinta não custa muito caro, custa?

– As persianas estão quebradas.

– Vamos consertá-las.

– O reboco está rachado.

– Podemos cobri-lo com papel.

– Será que há uma despensa, Jane?

– Há algumas prateleiras em um dos quartos menores à direita. Posso usá-las como despensa. O outro poderia ser seu escritório. Você precisa de um lugar para escrever, não é mesmo?

– Ela já planejou tudo – contou papai ao Atlântico. Em seguida, acrescentou: –Provavelmente, há corujas no bosque de bordos.

– Quem tem medo de corujas?

– E quanto à mágica, Jane?

Mágica? Ora, aquele lugar era simplesmente abarrotado de mágica! Era impossível andar sem tropeçar nela. Papai sabia disso. Ela estava apenas falando por falar. Quando voltaram, Jane sentou-se na grande placa de arenito vermelha que servia de degrau enquanto papai foi até

JANE DE LANTERN HILL

o bosque de bordos, através de uma trilha aberta pelas vacas de Jimmy John, também conhecido como senhor J. J. Garland. A residência dos Garlands podia ser vista à espreita na curva do bosque, uma casa de fazenda acolhedora, da cor da manteiga, em meio a árvores vistosas.

Papai voltou com Jimmy John, um homenzinho gordo de olhos cinzentos cintilantes. Ele não conseguiu encontrar a chave, mas disse que havia três quartos no andar de cima, todos com armários, e uma cama em um deles.

– E uma prateleira para botas debaixo da escada.

Eles pararam na trilha de pedras e olharam para a casa.

– O que decidiram? – perguntou a casa com a clareza com que as casas costumam falar.

– Qual é o preço? – perguntou papai.

– Quatrocentos, incluindo a mobília. É um preço razoável – disse Jimmy John, piscando para Jane. A menina retribuiu o gesto sem pudores. Afinal, a avó estava a milhares de quilômetros.

– Lá se vai meu dinheiro – disse papai. Todavia, não tentou pechinchar. Pagar quatrocentos dólares por toda aquela beleza era muita sorte.

Papai lhe deu cinquenta dólares e disse que daria o que ficara faltando no dia seguinte.

– A casa é sua – disse Jimmy John como quem estivesse lhes dando um presente. Entretanto, Jane sabia que a casa sempre fora deles.

– A casa... o lago... e o porto... e o golfo! É um bom negócio – disse papai. – E meio acre de terra. Sempre quis ser dono de um pedaço de terra, o suficiente para dizer "este lugar é meu". E agora, Jane, já é briluz.

– Quatro da tarde. – Jane conhecia muito bem as histórias de Alice[6] para ser pega de surpresa.

Quando estavam prestes a ir embora, uma versão em miniatura de Jimmy John veio correndo pelo bosque com expressão travessa no

---

6   "Briluz", na tradução de Augusto de Campos, é um termo do poema *nonsense* do Livro *Alice através do espelho,* de Lewis Carroll, que significa "a hora em que começamos a preparar o jantar". (N. T.)

rostinho e a chave que sumira. Jimmy John a entregou a Jane com uma reverência. A menina a segurou com força durante o trajeto de volta a Brookview. Imagine o que ela lhe revelaria!

Eles perceberam que estavam famintos, tendo se esquecido do jantar, e atacaram os biscoitos amanteigados da senhora Meade.

– Papai, você vai me deixar cozinhar?

– Ora, você vai ter que cozinhar. *Eu* não sei fazer isso.

O rosto de Jane tinha uma expressão resplandecente.

– Quem dera pudéssemos nos mudar para lá amanhã, papai.

– E por que não? Posso conseguir algumas roupas de cama e um pouco de comida. Já é um começo.

– Queria que este dia nunca terminasse. Não me parece possível que haja outros tão felizes quanto este.

– Espere só até o amanhã, Jane... Deixe-me ver... Ainda temos noventa e cinco amanhãs.

– Noventa e cinco, regozijou-se Jane.

– E viveremos como quisermos, respeitando os limites da decência. Seremos organizados, mas não organizados demais. Seremos preguiçosos, mas não preguiçosos demais. Faremos o mínimo necessário para não sermos desleixados. E jamais teremos em nossa casa aquela coisa diabólica chamada despertador.

– Vamos precisar de algum tipo de relógio – disse Jane.

– Timothy Salt, que mora lá perto do porto, tem um velho relógio de navio. Vou pedi-lo emprestado. Ele só funciona quando quer, porém... quem se importa? Você sabe remendar meias?

– Sim – respondeu Jane, que nunca remendara uma meia na vida.

– Estamos sentados no topo do mundo, Jane. Foi um golpe de sorte você ter perguntado para aquele homem.

– Não foi sorte. Eu SABIA que ele iria nos ajudar. Ah, papai, podemos manter a casa em segredo até nos mudarmos para lá?

– É claro – concordou papai. – De todo mundo, exceto de tia Irene. Teremos que contar a ela, obviamente.

Jane não disse nada. Só depois que papai falou é que ela percebeu que era de tia Irene que desejava manter segredo.

Jane achou que não conseguiria pegar no sono naquela noite. Como alguém poderia dormir com tantas coisas maravilhosas para pensar? E outras muito intrigantes. Como era possível duas pessoas como mamãe e papai se odiarem? Não fazia sentido. Eles eram tão amáveis, cada um a seu modo! Em algum momento, devem ter se amado. O que havia acontecido? Se ao menos Jane soubesse toda a verdade, talvez pudesse fazer alguma coisa.

Enquanto adentrava sonhos de estradas de terra vermelha sombreadas por pinheiros que levavam a casinhas adoráveis, o último pensamento dela foi: "Eu me pergunto se podemos conseguir leite com Jimmy John".

CAPÍTULO 17

Eles "se mudaram" na tarde seguinte. Papai e Jane foram à cidade pela manhã e compraram um monte de enlatados e algumas roupas de cama. Jane também comprou um vestido xadrez e aventais. Sabia que nenhuma das roupas que a avó comprara seria útil em Lantern Hill. Jane foi ainda a uma livraria, sem que papai soubesse, e comprou um livro de receitas para iniciantes. Mamãe lhe dera um dólar antes de viajar, e ela não queria correr nenhum risco.

Foram visitar tia Irene, mas ela não estava em casa; Jane tinha os próprios motivos para ficar feliz com isso, contudo resolveu guardá-los para si. Depois do jantar, amarraram o baú e as malas de Jane no carro e pegaram a estrada sacolejante rumo a Lantern Hill. A senhora Meade lhes deu uma caixa de rosquinhas, três fornadas de pão, uma porção generosa de manteiga com o desenho de folhas de trevos, um pote de geleia e três bacalhaus secos.

– Coloque um deles de molho nesta noite e grelhe-o pela manhã para o café – disse para Jane.

A casa ainda estava lá. Jane estava receosa de que tivesse sido roubada durante a noite. Ela a desejava tão ardentemente que era inconcebível imaginar que as outras pessoas não sentissem a mesma coisa. Sentiu um imenso pesar por tia Matilda Jollie, que morrera e a deixara. Era difícil acreditar que, mesmo nas mansões celestiais, tia Matilda Jollie não sentisse falta de Lantern Hill.

– Deixe-me abrir a porta, por favor, papai.

Ela tremia de empolgação ao cruzar a soleira.

– Este... é o meu lar – disse Jane. Lar, algo que nunca conhecera. Jamais estivera tão perto de chorar em toda a vida.

Eles correram pela casa feito criancinhas. Havia três quartos no andar de cima. O maior ficava voltado para o norte, e Jane decidiu imediatamente que deveria ser o do papai.

– Não gostaria de ficar com ele, minha fadinha? A vista da janela é para o golfo.

– Não, prefiro aquele aposento aconchegante no fim do corredor. Quero um quarto PEQUENO, papai. E o terceiro dará um ótimo quarto de hóspedes.

– Precisamos de um quarto de hóspedes, Jane? Deixe-me lembrá-la de que a liberdade de um indivíduo é medida por quanto ele necessita dos outros.

– Oh, é claro que precisamos de um quarto de hóspedes, papai. – Jane achou curiosa a pergunta do pai. – Provavelmente receberemos visitas, não é mesmo?

– Ele precisaria de uma cama.

– Ah, nós conseguiremos uma em algum lugar. Papai, a casa está feliz em nos ver, feliz por estar viva novamente. As cadeiras estão pedindo para que alguém se sente nelas.

– Sua sentimentalista! – zombou papai, rindo de modo compreensivo com o olhar.

A casa estava surpreendentemente limpa. Jane descobriria mais tarde que, assim que ficaram sabendo que a casa de tia Matilda Jollie fora vendida, a senhora Jimmy John e Miranda Jimmy John foram até lá, entraram por uma das janelas da cozinha e fizeram uma faxina de cabo a rabo. Jane quase ficou chateada pelo fato de a casa estar impecável. Teria adorado limpá-la. Queria fazer tudo ali.

"Sou tão má quanto tia Gertrude", pensou, compreendendo parcialmente a tia.

Não havia nada que fazer além de colocar a roupa de cama nos colchões, as latas no armário da cozinha e a manteiga e a geleia na despensa. Papai pendurou o bacalhau da senhorita Meade nos pregos atrás do fogão.

– Teremos linguiça para o jantar – disse Jane.

– Janekin – disse papai, passando as mãos pelos cabelos com expressão desanimada –, eu me esqueci de comprar uma frigideira.

– Ah, tem uma frigideira de ferro no fundo do armário – disse Jane com seriedade. – E uma panela de três pés – acrescentou com triunfo.

Àquela altura, não havia nada sobre a casa que Jane não soubesse. Papai acendeu o fogão e alimentou a chama com a madeira de tia Matilda Jollie, sob o olhar atento da filha. Ela nunca vira um fogão ser aceso e queria saber como fazê-lo da próxima vez. O fogão estava um pouco bambo, mas Jane encontrou uma pedra chata no jardim que coube perfeitamente sob uma das pernas, e tudo ficou em ordem. Papai foi até a casa de Jimmy John pedir um balde de água, porque o poço ainda precisava ser limpo antes que pudessem usá-lo, e Jane cobriu a mesa com uma toalha vermelha e branca, igual à da senhora Meade, e colocou os pratos que o pai comprara em uma loja de departamento. Foi até o jardim negligenciado e colheu um buquê de corações-sangrentos e lírios-de-junho para colocar no centro. Como não havia onde colocá-los, Jane encontrou uma lata enferrujada em algum lugar, envolveu-a em um lenço verde que tirara do baú (era uma peça de seda cara que tia Minnie lhe dera) e colocou as flores ali dentro. Em seguida, fatiou o pão e passou manteiga, preparou chá e fritou as linguiças. Jamais fizera nada daquilo, mas observara Mary o bastante para ter uma noção.

– É bom sentar à minha própria mesa novamente – disse papai na hora do jantar.

"Se vovó me visse comer na cozinha e me deleitar com isso, creio que diria que tenho gostos simplórios", pensou Jane mordazmente. Em voz alta disse, quase explodindo de orgulho:

– Como gosta do seu chá, papai?

Havia um emaranhado de raios de sol sobre o piso branco. Era possível ver o bosque de bordos pela janela ao leste, o golfo, o lago e as dunas ao norte, o porto a oeste. O sal do mar era trazido pela brisa. Andorinhas voavam de um lado para o outro no céu da tarde. Tudo que os olhos dela podiam ver pertencia a ela e ao pai. Jane era a dona da casa por direito. Podia fazer o que bem entendesse, sem precisar se justificar. A lembrança daquela primeira refeição com papai na casa de tia Matilda Jollie era algo "belo, que seria eternamente uma alegria"[7]. Papai estava tão contente! Conversava com Jane como se fosse adulta. Ela sentiu pena das pessoas que não tinham um pai.

Papai quis ajudá-la com os pratos, mas Jane recusou a oferta. Não era ela a dona de casa? Sabia como Mary lavava a louça e sempre quis fazer igual. Devia ser muito divertido deixar limpos os pratos sujos. Papai comprara uma bacia para lavar a louça, mas nenhum dos dois pensou em comprar panos para esfregar e secar.

Jane pegou do baú duas camisas de dormir e as cortou.

Ao entardecer, ela e papai foram até a praia, o que se repetiria em quase todos os dias daquele verão encantado. Ondas prateadas dominavam toda a extensão arqueada de areia. Uma embarcação de velas brancas cruzava a barreira de dunas escuras. O farol, do outro lado do canal, piscava para eles. Um grande promontório dourado e púrpura se estendia atrás dele. Na hora do pôr do sol, aquele cabo se transformava em um lugar misterioso para Jane. O que havia além dele? "Oceanos

---

7 Referência a um verso do poema *Endymion*, do poeta inglês John Keats (1795-1821): "O que é belo há de ser eternamente uma alegria" (tradução de Augusto de Campos). (N. T.)

de magia em terras fantásticas longínquas?" Jane não se lembrava onde lera ou ouvira aquela frase, mas ela subitamente lhe veio à mente.

Papai fumou o cachimbo, ao qual chamava de "velho desprezível", e não disse nada. Jane sentou-se ao lado dele, sob as sombras da carcaça de um barco velho, e não disse nada. Palavras não eram necessárias.

Quando voltaram para casa, descobriram que papai não comprara óleo de carvão para as três lamparinas que havia em casa nem gasolina para a lamparina da escrivaninha dele.

– Bem, suponho que podemos dormir no escuro uma vez só.

O que acabou não sendo necessário. A infatigável Jane lembrou-se de que havia um toco de vela esquecido na gaveta do armário. Ela o cortou em dois e fixou as metades no gargalo de duas velhas e abauladas garrafas de vidro que também estavam no armário. O que mais alguém poderia querer?

Jane examinou o quarto minúsculo com satisfação. Nele, por ora, havia apenas a cama e uma mesinha; o teto apresentava manchas velhas de goteiras, e o piso era levemente desnivelado. Contudo, aquele era o primeiro quarto só dela, onde não teria a impressão de estar sendo constantemente observada pela fechadura. Ela se despiu, assoprou a vela e olhou pela janela, de onde era quase possível tocar o topo da pequena colina íngreme. A lua já estava no céu, transformando a paisagem com sua mágica. A dois quilômetros, as luzes do vilarejo em Lantern Corners cintilavam. À direita, uma bétula jovem parecia espiar sobre a colina, às escondidas. Nuvens suaves e aveludadas pareciam deslizar entre as samambaias.

"Vou fingir que esta é uma janela mágica", pensou Jane, "e ela me proporcionará visões maravilhosas. Verei mamãe vir por aquela estrada, guiada pelas luzes de Lantern Hill."

Papai comprara um colchão bom, e Jane estava exausta depois daquele dia extenuante. Era uma delícia deitar-se naquela cama confortável (nem Jane nem Jimmy John sabiam que um colecionador

JANE DE LANTERN HILL

oferecera cinquenta dólares a tia Matilda Jollie por aquela cama antiga) e observar os desenhos que o luar e as folhas da bétula lançavam nas paredes, sabendo que papai estava do outro lado do corredor e que lá fora havia colinas e campos vastos onde ela poderia correr para onde quisesse, sem precisar temer ninguém, além de dunas de areia repletas de sombras, em vez de um portão de ferro e portões trancados. E como aquele lugar era silencioso... nada de buzinas ou do clarão dos faróis. Jane abriu a janela, e o perfume das samambaias entrou. Também ouviu um som distante e estranho, o chamado lamurioso do mar, que parecia preencher a noite. Jane o ouviu, e algo em seu âmago respondeu a ele com uma mistura de angústia e arrebatamento. Por que o mar estava chamando? Qual seria sua aflição secreta?

Jane estava começando a adormecer quando algo terrível lhe ocorreu: esquecera-se de colocar o bacalhau de molho.

Dois minutos depois, o problema estava resolvido.

CAPÍTULO 18

Para o próprio horror, Jane dormiu até tarde e se deparou com uma visão maravilhosa quando desceu as escadas correndo: papai vinha da casa de Jimmy John com uma cadeira de balanço sobre a cabeça. Também trazia uma grelha em uma das mãos.

– Tive que pedir uma emprestada para preparamos o bacalhau, Jane. E a senhora Jimmy John me obrigou a trazer a cadeira. Disse que pertencera à tia Matilda Jollie e que eles tinham mais cadeiras de balanço em casa que tempo para aproveitá-las. Fiz o mingau; agora o bacalhau fica por sua conta.

Jane o grelhou, quase chamuscando o rosto no processo, e ficou delicioso. O mingau estava um pouco grumoso.

"Acho que papai não é um bom cozinheiro", pensou com compaixão. Ela preferiu não fazer nenhum comentário e engoliu os grumos heroicamente. Mas não papai; ele os empurrou para a beirada do prato e a encarou com olhar intrigado.

– Sei escrever, minha Jane, mas não sei fazer um mingau comestível.

– Ah, mas você não terá que prepará-lo; nunca mais perderei a hora – disse Jane.

JANE DE LANTERN HILL

Não há maior prazer na vida que a satisfação de uma conquista. Jane percebeu isso nas semanas seguintes, ainda que não tivesse usado essas palavras para se expressar. O velho tio Tombstone, ajudante geral do distrito de Queen's Shore, que não tinha nenhum sobrinho ou sobrinha e cujo nome verdadeiro era Tunstone, forrou todos os quartos com papel de parede, consertou as goteiras e as persianas, pintou a casa de branco com detalhes em verde e ensinou Jane como, onde e quando encontrar mexilhões. Seu rosto velho era rosado e gentil, com uma franja de pelos brancos sob o queixo.

Jane fervilhava de energia e trabalhava incansavelmente, limpando a sujeira deixada por tio Tombstone, organizando os móveis que papai trazia e colocando cortinas por toda a casa.

– Essa menina consegue estar em três lugares ao mesmo tempo – disse papai. – Não sei como consegue... Creio que seja o que as pessoas chamam de bruxaria.

Jane era muito habilidosa e conseguia realizar quase todas as tarefas. Era bom viver em um lugar onde era possível mostrar quão capaz era. Aquele era o mundo dela, onde era uma pessoa importante. Havia alegria no coração dela o tempo inteiro. A vida era uma aventura interminável ali.

Quando não estava limpando, Jane preparava as refeições. Estudava o livro de culinária para iniciantes nos momentos vagos e passava o dia murmurando coisas como "todas as medidas devem ser exatas". Por ter observado Mary e nascido para ser cozinheira, Jane se saía maravilhosamente bem. Desde as primeiras tentativas, seus biscoitos nunca ficaram embatumados, e seus assados sempre estavam no ponto. Um dia, no entanto, ela voou alto demais e fez uma sobremesa que uma alma caridosa chamaria de pudim de ameixa. Tio Tombstone comeu um pedaço e precisou chamar o médico naquela noite... pelo menos foi o que alegou. No dia seguinte, levou o próprio almoço de casa (bacon frio e panquecas frias embrulhadas em um lenço vermelho) e falou para Jane que estava de dieta.

– Aquele pudim de ontem foi pesado demais para o meu estômago, senhorita. Não estou acostumado com a culinária de Toronto. Ela pode até ser rica em vitaminas, mas acho que é preciso ter crescido com ela para que lhe caia bem.

Para os amigos, confidenciou que o pudim lhe causara uma indigestão horrível. Porém, ele gostava de Jane.

– Sua filha é uma pessoa muito acima da média – disse ao papai. – A maioria das meninas de hoje não quer saber de nada sério. Mas ela é superior... Sim, senhor, ela é superior.

Como papai e Jane riram disso! Ele a chamou de "Jane Superior" com um tom zombeteiro de reverência, até que a piada perdeu a graça.

Jane também gostava de tio Tombstone. Na realidade, nada na vida nova a espantava mais que a facilidade com que simpatizava com as pessoas. Era como se todo mundo que encontrava fosse da mesma tribo que ela. Jane tinha a impressão de que os habitantes da Ilha do Príncipe Edward eram mais amigáveis, ou pelo menos mais corteses, que os de Toronto. Não percebia que a mudança ocorrera dentro de si mesma. Não se sentia mais rejeitada, assustada nem deslocada por causa do medo. Aquela era sua terra natal, e seu nome era Jane. Ela era afável com todo mundo, e o mundo todo respondia da mesma forma. Jane podia amar quanto quisesse, todas as pessoas que quisesse, sem ser acusada de ter gostos mundanos. Vovó provavelmente não teria aprovado tio Tombstone, todavia os padrões do número 60 da Rua da Alegria não se aplicavam a Lantern Hill.

Quanto à família de Jimmy John, Jane sentia que os conhecia a vida inteira. Descobriu que ele era conhecido assim porque o senhor James John Garland tinha um vizinho chamado James Garland, do lado noroeste, e outro chamado John Garland, ao sudoeste, de maneira que era preciso diferenciá-los de algum jeito. Na primeira manhã de Jane em

Lantern Hill, todos os Johns foram visitá-la em bando. Os mais jovens chegaram com os três cachorros: um bull terrier malhado, um golden collie e um cachorro comprido que era só um cachorro. A senhorita Jimmy John, tão alta e magra quanto o marido era baixo e gordo, dona de olhos muito sábios, gentis e cinzentos, entrou abruptamente carregando um bebê roliço feito uma linguiça. Miranda Jimmy John, de dezesseis anos, era alta igual à mãe e gorda feito o pai. Tinha queixo duplo desde os dez anos, e ninguém jamais acreditaria que secretamente estava morrendo de amores. Polly Jimmy John era da idade de Jane, mas parecia mais nova, por ser baixinha e magra. "Punch" Jimmy John, que trouxera a chave, tinha treze anos. Havia também os gêmeos de oito anos, George e Ella, cujas pernas desnudas estavam cobertas de picadas de mosquitos. Todos tinham sorriso agradável.

– Jane Victoria Stuart? – perguntou a senhora Jimmy John com um sorriso questionador.

– Jane! – respondeu a menina, com uma entonação de triunfo que fez com que todos os Jimmy Johns a encarassem.

– Jane, é claro – sorriu a senhora Jimmy John. Jane soube, naquele instante, que gostaria dela.

Com exceção do bebê, todos trouxeram um presente para Jane. A senhora Jimmy John lhe deu um tapete de pele de carneiro tingido de vermelho para o quarto. Miranda trouxe um jarro branco, pequeno e largo, com rosas pintadas nas laterais. Punch trouxe alguns rabanetes. Polly a presenteou com uma muda de gerânio. E cada um dos gêmeos lhe deu um sapo "para o jardim".

– Você precisa de sapos no jardim para atrair sorte – explicou Punch.

Jane teve a sensação de que não podia deixar que suas primeiras visitas fossem embora sem algo para comer, em especial depois de ter ganhado presentes.

"A torta da senhora Meade será suficiente para todo mundo se eu não comer um pedaço", pensou. "E o bebê não vai comer."

O bebê QUIS um pouco, mas a senhora Jimmy John dividiu o pedaço dela com ele. Todos se sentaram nas cadeiras da cozinha e no degrau de pedra da porta e comeram enquanto Jane irradiava hospitalidade.

– Venha nos visitar sempre que puder, querida – disse a senhora Jimmy John. Ela achou Jane jovem demais para estar cuidando da casa sozinha. – Se precisar de alguma coisa, ficaremos felizes em ajudar.

– Você me ensinaria a fazer pão? – perguntou Jane, com seriedade. – Nós o compramos dos Corners, é claro, mas papai gosta de pão caseiro. Que tipo de farinha de bolo você recomendaria?

Jane também conheceu os Snowbeams naquela semana. Era um bando de maltrapilhos que morava em uma casa em ruínas na região onde a faixa de pinheiros desaparecia em uma curva da praia do porto, conhecida como Hungry Cove. Ninguém sabia como o senhor Solomon Snowbeam sustentava a família. Ele pescava um pouco, fazia alguns "bicos" e caçava de vez em quando. A senhora Snowbeam era uma mulher grande, rotunda e rosada, e Caraway Snowbeam, "Shingle" Snowbeam, Penny Snowbeam e o "Jovem John" Snowbeam eram criaturinhas amigáveis que certamente não pareciam passar fome. Millicent Mary Snowbeam, de seis anos, não era impudente nem amigável.

Millicent Mary, como Polly Garland contara a Jane, era um tanto peculiar. Seus olhos eram de um castanho aveludado (todos os Snowbeam tinham olhos bonitos), cabelos dourados avermelhados e tez deslumbrante. Ela podia ficar horas e horas sentada sem falar nada (talvez fosse por isso que a família falante a considerasse meio esquisita), segurando os joelhos gordos com os braços rechonchudos. Parecia ter uma admiração silenciosa por Jane e passara o verão inteiro rodeando Lantern Hill, encarando-a. Jane não se importava.

O restante dos Snowbeams compensava o silêncio de Millicent Mary. De início, eles não simpatizaram com Jane, achando que ela era uma sabe-tudo porque viera de Toronto e que se achava melhor que os

JANE DE LANTERN HILL

outros. Mas logo descobriam que ela não sabia quase nada, com exceção do pouco que tio Tombstone ensinou a ela sobre mexilhões, e se tornaram muito simpáticos. O que quer dizer que fizeram muitas perguntas. Nenhum dos Snowbeams era conhecido pela delicadeza.

– Seu pai escreve histórias sobre pessoas vivas? – perguntou Penny.

– Não – disse Jane.

– Todo mundo por aqui diz que sim. Todos têm medo de acabar em uma das histórias dele. É melhor ele não escrever sobre a gente se não quiser acabar com o nariz quebrado. Sou o garoto mais valente de Lantern Hill.

– Você acha que é interessante o suficiente para acabar em uma história? – perguntou Jane.

Penny ficou com certo receio dela depois disso.

– Estávamos curiosos para saber com quem você se parece – disse Shingle, que usava macacão e parecia um menino, mas não era –, porque seu pai e sua mãe são divorciados, não são?

– Não – disse Jane.

– Ele é viúvo, então? – insistiu Shingle.

– Não.

– Sua mãe vive em Toronto?

– Sim.

– Por que ela não mora com seu pai?

– Se fizerem mais uma pergunta sobre meus pais, vou pedir a papai que coloque vocês em uma das histórias dele – anunciou Jane. – Cada um de vocês.

Shingle se acovardou, mas Caraway não se deixou intimidar.

– Você se parece com sua mãe?

– Não. Minha mãe é a mulher mais linda de Toronto – disse Jane com orgulho.

– Você morava em uma casa de mármore na cidade grande?

– Não.

– Foi o que disse Ding-Dong Bell – contou Caraway, com ultraje. – Ele não é um mentiroso? Suponho que você também não tenha lençóis de cetim.

– Temos lençóis de seda – disse Jane.

– O Ding-Dong disse que são de cetim.

– Vi o açougueiro subir pela estrada – disse o Jovem John. – O que vocês vão ter para o almoço?

– Bife.

– Minha nossa! Nunca comemos bife... só pão, melaço e carne de porco curada frita. Papai diz que não aguenta mais comer isso, e mamãe falou que, se ele trouxesse outra coisa para casa, ela ficaria muito contente em prepará-la. Você está fazendo bolo? É isso mesmo? Diga, posso lamber a tigela?

– Sim, mas fique longe da mesa. Sua camisa está mais do que imunda – ordenou Jane.

– Vejam como ela é mandona! – disse o Jovem John.

– Entojada – disse Penny.

Eles foram embora bravos porque Jane Stuart insultara o Jovem John. Entretanto, todos voltaram no dia seguinte e a ajudaram de bom grado a limpar o jardim. Havia muito que ser feito e estava um dia quente, de modo que o suor começou a escorrer da testa deles muito antes de Jane ficar satisfeita com o resultado. Se alguém os tivesse obrigado a trabalhar tanto, teriam reclamado e protestado; mas, em se tratando de diversão... ora, FOI divertido!

Jane lhes deu os últimos biscoitos da senhora Meade. Pretendia tentar assar uma fornada no dia seguinte.

Jane já decidira que não havia um jardim no mundo igual ao dela. Sentia-se muito animada. Uma roseira amarela clássica estava em flor, à frente da estação. As sombras das peônias dançavam aqui e ali. O dique de pedra estava coberto de botões de rosas escarlate. Lírios verde-claros e da cor do creme cresciam pelos cantos. Havia também capim-amarelo

Jane de Lantern Hill

e hortelã, corações-sangrentos, amarantos, abrótano, bálsamo, anêmonas e cravos, todos cercados por abelhas aveludadas que zuniam. Tia Matilda Jollie gostava de plantas perenes clássicas, e Jane também; todavia, jurara que plantaria algumas flores anuais até o próximo verão. No início da estação, Jane já estava planejando a do próximo ano.

Em pouco tempo, Jane ficara versada na linguagem do jardim e sempre tentava extrair alguma informação sobre fertilizantes de qualquer pessoa que conhecia. O senhor Jimmy John aconselhou a usar esterco bovino, e Jane arrastou baldes e mais baldes do celeiro dele até o jardim. Amava regar as flores, em especial quando a terra estava um pouco seca e elas se curvavam, suplicantes. O jardim a recompensava. Ela era uma dessas pessoas cujo toque faz com que as plantas cresçam. Nenhuma erva-daninha tinha permissão para dar as caras por ali. Jane se levantava bem cedo para cuidar do jardim. Era maravilhoso acordar com o sol avultando sobre o mar.

As manhãs em Lantern Hill eram diferentes daquelas em qualquer outro lugar... pareciam mais genuínas. O coração de Jane cantava conforme ela capinava, varria, rastelava e podava.

– Quem lhe ensinou tudo isso, mulher? – perguntou papai.

– Acho que eu sempre soube – disse Jane sonhadoramente.

Os Snowbeams disseram a Jane que a gata deles tivera filhotes e que ela poderia ficar com um. Jane foi até a casa deles para escolher. Havia quatro, e a pobre e esquálida mamãe parecia muito orgulhosa e feliz. Jane escolheu um preto, com carinha de amor-perfeito, de pelo macio e olhos redondos e dourados. Ela o chamou de Pedro na mesma hora. Então, os Jimmy John, empenhados em levar a melhor, trouxeram outro gatinho, alegando que também se chamava Pedro, e Ella chorou copiosamente porque não queria trocar o nome. Assim, papai sugeriu batizá-los de Primeiro Pedro e Segundo Pedro, o que a senhora Snowbeam considerou um sacrilégio. O Segundo Pedro era uma coisinha graciosa, todo preto e prateado, com o peito esbranquiçado. Ambos os Pedros dormiram nos pés da cama de Jane e pularam no papai no instante em que ele se sentou.

– O que é um lar sem um cachorro? – disse papai. Ele arranjou um com o velho Timothy Salt, que morava perto do porto, e o chamou de Happy. Era um cão delgado e branco, com uma mancha marrom na base do rabo, um halo marrom em volta do pescoço e orelhas marrons. Ele mantinha os Pedros na linha, e Jane o amava por não os machucar.

– Gosto de seres vivos ao meu redor, papai.

Papai trouxe o relógio de navio com o cachorro. Jane o achou útil para as horas das refeições, mas, fora isso, era como se o tempo não existisse em Lantern Hill.

Ao final da semana, Jane já conhecia perfeitamente toda a geografia e os moradores de Lantern Hill e de Lantern Corners. Toda as colinas[8] pareciam pertencer a alguém: a colina do Big Donald, a colina do Little Donald, a colina do Velho Cooper. Sabia diferenciar a fazenda de Big Donald e a de Little Donald. Cada janela iluminada que podia avistar do topo da colina tinha significado especial. Ela sabia exatamente para onde olhar se quisesse ver o brilho da casinha branca onde Min morava com a mãe, em uma baixada enevoada entre as colinas. Min, uma garotinha cheia de energia, com olhos de coruja, já se tornara grande amiga de Jane. Ela sabia que a mãe apática de Min era mera sombra da filha. Min nunca usava sapatos ou meia-calça no verão, e seus pezinhos descalços corriam pelas estradas vermelhas de Lantern Hill todos os dias. Às vezes, Elmer Bell, também conhecido como Ding-Dong, a acompanhava. Ding-Dong era um menino sardento com orelhas de abano; todavia, era muito popular, ainda que espalhasse por todos os cantos uma história escandalosa de que havia se sentado no mingau quando era pequeno. Quando o Jovem John queria azucriná-lo, ele gritava para Ding-Dong: "Você se sentou no mingau! Você se sentou no mingau!".

---

8 *Hill* significa "colina" em inglês. (N. T.)

Elmer, Min, Polly Garland, Shingle e Jane tinham a mesma idade e gostavam uns dos outros, provocavam uns aos outros, ofendiam e defendiam uns aos outros das crianças mais velhas e das mais novas. Jane desistiu de acreditar que acabara de os conhecer. Lembrou-se da mulher que dissera que a Rua da Alegria era um lugar morto. Bem, a casa de tia Matilda Jollie não estava morta. Estava viva, cada centímetro quadrado. Os amigos de Jane não saíam de lá.

– Você é tão divertida que até parece que nasceu na Ilha – comentou Ding-Dong.

– Eu nasci aqui – disse Jane, triunfante.

CAPÍTULO 19

Um dia, uma carriola azul subiu a colina aos solavancos e deixou um grande embrulho no jardim.

– Boa parte da porcelana que foi da minha mãe está aí dentro, Jane – disse papai. – Pensei que talvez queira ficar com ela. Você foi batizada em homenagem a ela. Está guardada desde...

Papai hesitou subitamente, e as rugas que Jane sempre quisera desfazer surgiram na testa dele.

– A louça está guardada há anos.

Jane sabia muito bem que ele pretendia dizer "desde que sua mãe foi embora", ou algo do tipo. De repente, ela se deu conta de que não era a primeira vez que o pai ajudava a montar um lar; não era a primeira vez que ele se empolgava em escolher papéis de parede, cortinas e tapetes. Passara por tudo isso com mamãe. Talvez eles tivessem se divertido tanto quanto papai e ela estavam se divertindo agora, ou até mais. Mamãe devia ter adorado decorar a própria casa. Nunca podia opinar sobre a arrumação no número 60 da Rua da Alegria. Jane se perguntou onde ficava a casa em que nascera. Havia tantas coisas que ela gostaria de ter coragem de perguntar ao pai! Ele era tão gentil. Como mamãe podia tê-lo deixado?

JANE DE LANTERN HILL

Foi a maior diversão desempacotar a louça de vovó Stuart. Havia peças de vidro e de porcelana encantadoras: um conjunto de jantar branco e dourado, taças de vidro longas e pratos únicos e belos dos mais variados tipos. E prataria! Um conjunto de chá, colheres, colheres com imagens de apóstolos e santos entalhadas, e saleiros.

– Essa prataria precisa ser polida – disse Jane, extasiada. Como se divertiria limpando e lavando todos aqueles pratos singulares e delicados! Polir a lua não era nada em comparação. Na verdade, a vida na lua perdera o charme. Jane estava ocupada demais mantendo a casa impecável e não tinha tempo para as escapadas lunares. Além disso, as luas da Ilha nunca precisavam ser polidas.

Havia outras coisas na caixa: fotos e uma linda frase emoldurada, bordada em lã azul e carmesim. "Que a paz de Deus reine nesta casa." Jane achou aquilo adorável. Ela e papai tiveram debates intermináveis sobre onde as fotos deveriam ficar, e por fim todas acabaram sendo penduradas nas paredes.

– No instante em que você pendura uma foto em uma parede, ela se torna sua amiga. Paredes vazias são muito hostis.

Eles penduraram a frase no quarto de Jane, que a lia religiosamente todas as noites antes de se deitar e todas as manhãs ao se levantar.

As camas ganharam vida com as colchas de retalho maravilhosas que vieram na caixa. Havia três, feitas por vovó Stuart: uma no modelo irlandês, outra com uma grande estrela no centro, e a terceira com padrões triangulares. Jane colocou a de triângulos na cama de papai, a azul ao estilo irlandês no próprio quarto e a da estrela fora guardada na prateleira debaixo da escada, para o dia que tivessem uma cama no quarto de hóspedes.

Eles também encontraram na caixa a estatueta de bronze de um soldado montado em um cavalo e um reluzente cãozinho de latão. O soldado foi parar na prateleira do relógio, mas papai disse que o cachorro tinha de ficar na escrivaninha dele, para vigiar o gato de porcelana. A mesa dele foi trazida da pensão da senhora Meade e posta no "escritório", uma escrivaninha antiga e lustrosa de mogno com prateleiras deslizantes e gavetas e compartimentos secretos. O gato ficava em um canto, um felino branco com manchas verdes, pescoço comprido e olhos de diamante. Por algum motivo que Jane não compreendia, papai estimava aquela coisa. Ele o trouxera de Brookview até Lantern Hill na mão, com medo de que se quebrasse.

O tesouro particular de Jane era um prato azul com um pássaro branco de asas abertas. Ela passou a usá-lo em todas as refeições. E a ampulheta também era charmosa, com sua areia dourada e base de nogueira.

– É do século XVIII – disse papai. – Meu avô foi Lealista do Império Unido[9], e essa ampulheta era tudo que ele tinha quando veio para o Canadá... isso e uma velha chaleira de cobre. Será que... sim, aqui está. Mais uma coisa para você polir, Jane. E essa é a velha tigela de porcelana azul com listras brancas que minha mãe usava para preparar salada.

– Vou usá-la para nossas saladas – disse Jane.

Jane descobriu uma caixinha no fundo da caixa maior.

– Papai, o que é isso?

Papai a tomou da mão dela, com expressão estranha.

– Isso? Oh, não é nada.

– Papai, é uma Medalha de Conduta Distinta! A senhorita Colwin tinha uma na sala dela na St. Agatha... O irmão dela a recebeu na Grande Guerra[10]. Oh, papai, você... você... – Jane perdeu o fôlego de tanta admiração diante daquela descoberta. Ele deu de ombros.

– É impossível tentar esconder alguma coisa de você, Jane. Eu a ganhei na Batalha de Passchendaele. Já tive orgulho dela. Isso parecia significar alguma coisa quando... Jogue-a fora.

---

9   Título honorífico dado aos colonos norte-americanos que permaneceram leais à coroa britânica durante a Guerra de Independência dos EUA (1775-1783) e migraram para territórios do império, como o Canadá. (N. T.)
10   Primeira Guerra Mundial (1914-1918). (N. T.)

A voz de papai soou estranhamente irascível, mas Jane não teve medo. Estava se acostumando com as alterações de humor breves e repentinas dele. Eram como raios em uma chuva de verão, e logo o sol voltava. Ele nunca ficara bravo com ela, mas ele e tio Tombstone já haviam discutido uma ou duas vezes.

– Não vou jogá-la fora. Vou guardá-la, papai.

Ele deu de ombros outra vez.

– Bem, então guarde-a onde eu não a possa ver.

Jane a guardou muito bem guardada na cômoda e sentia orgulho dela todos os dias. Contudo, ficara tão alvoroçada com o conteúdo da caixa que colocara açúcar de confeiteiro em vez de sal no guisado irlandês que preparara para o jantar, e a humilhação lhe roubara momentaneamente a alegria de viver.

Happy aprovara o guisado, porém.

CAPÍTULO 20

– Teremos visita, minha Jane. Um amigo meu dos velhos tempos, o doutor Arnett, está em Charlottetown. Gostaria de convidá-lo para um jantar. Seria possível?

– É claro. Porém, precisamos de uma cama para o quarto de hóspedes. Temos uma cômoda com gavetas, um espelho e um lavatório; só falta a cama. Ouvi dizer que Little Donald está vendendo uma.

– Vou resolver disso. Quanto ao jantar, Jane, o que acha de fazermos uma extravagância? Que tal comprarmos um frango... dois frangos... da senhora Jimmy John? Você conseguiria prepará-los?

– Com certeza. Ah, deixe-me planejar o jantar, papai! Teremos frango e salada de batatas. Sei exatamente como Mary fazia salada de batatas... E pãezinhos quentes. Você vai precisar comprar uma lata de fermento Flewell's em Corners, papai. Tem que ser da marca Flewell's. É a única em que confio. – Jane já era autoridade em fermento. – Vou precisar também de morangos e creme de leite. Min e eu encontramos um arbusto de morangos silvestres ontem. Comemos um monte, mas sobrou o suficiente.

Infelizmente, tia Irene resolvera fazer uma visita na tarde em que eles esperavam pelo doutor Arnett. Passara por eles de carro na estrada enquanto Jane e o pai carregavam uma cama de ferro. Papai a comprou de Little Donald, que a deixou na frente da casa dele porque estava com pressa demais para levá-la até a colina. Ventava muito naquele dia, e Jane estava com um xale velho de Matilda Jollie enrolado na cabeça, porque tivera uma leve dor de dente na noite anterior. Tia Irene parecia abismada e os cumprimentou com beijos quando entraram no jardim.

– Então você comprou a velha casa de Tillie Jollie, Drew! Que lugarzinho mais simpático! Bem, acho que você deveria ter conversado comigo antes.

– Jane queria manter isso em segredo... Jane adora segredos – explicou papai com tranquilidade.

– Oh, Jane tem uma coleção enorme de segredos – disse tia Irene, chacoalhando ternamente o dedo na direção dela. – Espero que sejam apenas segredos... Se bem que acho que você tem uma leve tendência a ser dissimulada.

Apesar do sorriso, havia uma sutil repreensão na voz de tia Irene. Jane quase preferia o veneno da avó. Não era preciso aparentar que estava gostando da situação.

– Se eu soubesse, teria aconselhado com veemência a não fazer isso. Ouvi dizer que a casa custou quatrocentos dólares. Jimmy John simplesmente passou a perna em você. Quatrocentos por um casebre velho como esse! Trezentos seria um preço justo.

– Mas a vista, Irene... a vista. Os cem extras foram pela vista.

– Você é tão insensato, Andrew. – Ela chacoalhou o dedo risonho na direção dele. O dedo parecia rir, pelo menos. – Jane, você terá que controlar os gastos. Senão seu pai terá falido até o outono.

– Oh, creio que conseguiremos manter as contas em dia, Irene. Do contrário, faremos o possível para nos virarmos. Jane é uma verdadeira administradora. Está atenta ao bom andamento do lar e não come do pão da preguiça[11].

---

11 Referência ao Antigo Testamento, Provérbios 31:27. (N. T.)

– Oh, Jane! – Tia Irene ficou genuinamente admirada com ela. – Se precisava mesmo comprar uma casa, Drew, por que não comprou uma próxima à cidade? Há uma cabana encantadora em Keppock. Você poderia tê-la alugado durante o verão. Eu estaria por perto para ajudar... e aconselhar.

– Preferimos a costa norte. Jane e eu somos como mochos nas solidões e pelicanos no deserto[12]. Mas nós dois gostamos de cebola, então estamos nos dando bem. Até penduramos as fotos sem brigar! Isso é fenomenal, sabia?

– Isso não é motivo para brincadeiras, Andrew. – O tom de voz de tia Irene era quase queixoso. – E quanto à comida?

– Jane sabe encontrar mariscos – respondeu papai solenemente.

– Mariscos! Você pretende viver de mariscos?

– Ora, tia Irene, o peixeiro vem aqui uma vez por semana, e o açougueiro de Corners, duas vezes por semana – explicou Jane, indignada.

– Queriiida! – falou tia Irene com condescendência. Nada estava à altura dos padrões dela... O quarto de hóspedes e as cortinas com babados de rede amarela das quais Jane se orgulhava tanto... "Uma gracinha de armário", dissera com doçura... O jardim era "um lugarzinho antiquado e adorável, não é mesmo, Jane?" Ao ver as prateleiras embaixo da escada, ela comentou: "Tia Matilda Jollie realmente tinha tudo de que precisava, não concorda, querida?".

A única coisa que não esnobara foram as colheres com as imagens sacras. Havia um toque ácido na doçura dela ao falar dos talheres.

– Sempre acreditei que mamãe pretendia deixá-las para *mim*, Drew.

– Ela as deu para Robin – respondeu Drew com calma.

Jane sentiu um arrepio percorrer o corpo. Era a primeira vez que ela ouvia o pai mencionar o nome de mamãe.

– Mas quando ela foi embora...

---

12 Referência ao Antigo Testamento, Salmos 102:06. (N. T.)

JANE DE LANTERN HILL

– Não vamos discutir por causa isso, Irene, por favor.

– Claro que não, querido. Eu compreendo. Perdoe-me. E agora, querida Jane, vou vestir um avental e ajudar nos preparativos para receber o doutor Arnett. Pobrezinha, tentando fazer tudo sozinha para a visita.

Tia Irene a achava digna de pena... Tia Irene ria dela. Jane se sentia furiosa e incapaz. Com um sorriso, tia Irene assumiu o controle. Os frangos e a salada de batatas já estavam prontos, mas ela insistiu em assar os pães e fatiar a carne e não quis nem saber dos morangos silvestres.

– Por sorte eu trouxe uma torta. Sabia que Andrew ia gostar. Os homens gostam de comida com sustância, querida.

Aquilo deixou Jane enlouquecida. Ela jurou que aprenderia a fazer torta em uma semana. Até lá, tudo que podia fazer era se sujeitar.

Quando o doutor Arnett chegou, tia Irene bancou a anfitriã sorridente e graciosa e o recebeu. Tia Irene, ainda mais sorridente e graciosa, sentou-se à cabeceira da mesa, serviu o chá e ficou encantada porque o doutor repetiu a salada de batatas. Os dois homens gostaram da torta. Papai disse que tia Irene fazia as melhores tortas do Canadá.

– E não é que comer é divertido? – disse papai com ar de surpresa, como se tivesse acabado de fazer tal descoberta graças à torta. O coração de Jane foi inundado pela amargura. Naquele momento, teria sido capaz de fazer todo mundo em picadinho com alegria.

Tia Irene ajudou a lavar a louça antes de ir embora. Jane agradeceu às estrelas por ela e Min terem caminhado até Lantern Corners e comprado panos de prato. O que tia Irene diria se tivesse de secar a louça com uma camisa de dormir?

– Tenho que ir embora agora, querida... Quero chegar em casa antes de escurecer. Gostaria que vocês estivessem mais perto de mim, mas virei visitar sempre que puder. Não sei o que sua mãe teria feito sem mim, coitada. Drew e doutor Arnett foram até a praia. Atrevo-me a dizer que eles vão discutir seriamente e aos gritos a maior parte da noite. Andrew não deveria deixar você sozinha assim. Mas os homens são desse jeito... tão imprudentes.

E Jane adorava ficar sozinha. Era tão bom ter a chance de falar consigo mesma.

– Não me importo, tia Irene. E AMO Lantern Hill.

– Você se contenta com qualquer coisa. – Como se Jane fosse uma tola por ser uma pessoa fácil de agradar. Tia Irene tinha um talento extraordinário de fazer com que Jane sentisse que seus gostos, seus pensamentos e suas atitudes eram irrelevantes. E como detestava os ares de autoridade da tia na casa de papai! "Será que ela agia dessa forma quando mamãe estava com ele? Se sim...", pensou.

– Trouxe uma almofada para sua sala de estar, querida.

– É uma cozinha – disse Jane.

– ...e vou trazer minha velha poltrona de chita da próxima vez que vier... para o quarto de hóspedes.

Jane, ao lembrar-se da "gracinha de armário", permitiu-se ter uma satisfação.

– Acho que não tem espaço para ela.

Ela olhou para a almofada com malevolência depois que a tia foi embora. Era tão nova e linda que fazia tudo ao redor parecer desgastado e rudimentar.

– Acho que vou guardá-la debaixo da escada – disse Jane com prazer.

CAPÍTULO 21

A noite estava abafada, e Jane saiu e sentou-se aos pés da colina... "para colocar a cabeça no lugar", como ela expressou. Não se sentia ela mesma desde aquela manhã, depois, mais ou menos, de ter queimado a torrada no café da manhã e passado o dia inteiro sob o efeito da humilhação. Preparar os frangos não foi tarefa fácil: o forno do fogão a lenha não tinha a potência do fogão elétrico de Mary, e arrumar o quarto de hóspedes sob o olhar irônico de tia Irene – "Imagine só, essa criança cuidando de um quarto de hospedes", ela parecia dizer – tinha sido ainda pior. Mas agora estava sozinha, e nada a impediria de desfrutar, quanto quisesse, da noite fresca e aveludada. O vento soprava do sudoeste, trazendo o perfume do campo de trevos de Big Donald. Todos os cachorros de Jimmy John latiam em uníssono. A grande duna chamada de a Torre de Vigia recortava o céu vazio ao norte. O trovejar grave e constante do oceano soava detrás dela. Uma mariposa cinza passou voando e quase roçou o rosto de Jane. Happy fora com papai e doutor Arnett, mas os Pedros subiram saltitando a colina e agora brincavam ao redor dela. Ela segurava suas barriguinhas ronronantes e sedosas contra o rosto e deixava que eles mordiscassem delicadamente suas bochechas. Era uma verdadeira noite de conto de fadas.

Jane já se sentia dona de si novamente quando voltou para casa. Quem se importava com a sorridente e dissimulada tia Irene? Ela, Jane Stuart, era a senhora de Lantern Hill e aprenderia a fazer torta custasse o que custasse, como papai gostava tanto de falar.

Como papai ainda não voltara, Jane sentou-se diante da escrivaninha dele e escreveu algumas páginas de sua carta para mamãe. De início, ela pensara que não conseguiria viver escrevendo apenas uma carta por mês para a mãe. Então, ocorreu-lhe que poderia escrever um pouquinho todos os dias, ainda que tivesse permissão para enviar somente uma carta por mês.

"Tivemos companhia para o jantar", escreveu Jane. Como estava proibida de mencionar papai, contornou o problema ao adotar um estilo mais formal. "Doutor Arnett e tia Irene. Você gosta de tia Irene, mamãe? Ela fazia você se sentir estúpida? Preparei os frangos, mas ela achou que uma torta era melhor que morangos. Você não acha que morangos silvestres seriam mais elegantes que torta, mamãe? Nunca tinha experimentado morangos silvestres antes. São deliciosos. Min e eu descobrimos onde tem um monte. Vou me levantar cedo amanhã e colher alguns para o desjejum. A mãe de Min falou que, se conseguirmos uma boa quantidade, vai me ensinar a fazer geleia. Gosto da mãe de Min. E de Min, também. Min pesava só um quilo e meio quando nasceu. Ninguém achou que sobreviveria. A mãe dela está criando um porco para o inverno. Ela me deixou dar comida para ele ontem. Gosto de dar comida para os seres, mamãe. Faz com que a gente se sinta importante. Porcos têm um apetite incrível. E eu também. Acho que é alguma coisa no ar da Ilha."

"Miranda Jimmy John não suporta que façam piadas com o peso dela. Miranda ordenha quatro das vacas todas as noites. A família dela tem quinze. Ainda não as conheci. Não sei se vou ou não gostar das vacas. Acho que elas não são muito simpáticas."

"Os Jimmy Johns têm ganchos enormes nas vigas da cozinha para pendurar os presuntos. O bebê deles é muito engraçado e sério. Nunca o ouvi dar uma risada, apesar de já ter nove meses. Eles estão preocupados com isso. Ele tem cílios pretos longos e curvados. Não sabia que bebês eram tão doces, mamãe."

"Shingle Snowbeam e eu encontramos um ninho de tordo em um dos abetos jovens atrás da casa, com quatro ovos azuis. Ela disse que devemos manter isso em segredo de Penny e do Jovem John, senão eles vão quebrá-los. Alguns segredos são bons."

"Gosto de Shingle agora. O nome verdadeiro dela é Marilyn Florence Isabel. A senhora Snowbeam diz que a única coisa extravagante que pôde dar aos filhos foram os nomes."

"O cabelo da Shingle é quase branco, mas os olhos são de uma tonalidade de azul perfeita, muito parecidos com os seus, mamãe."

"A Shingle é *imbiciosa*. É a única dos Snowbeams que tem alguma *imbição*. Ela diz que vai se tornar dama ou morrerá tentando. Eu disse que uma dama jamais deve fazer perguntas pessoais, e ela falou que não vai mais fazer isso. Mas Caraway não se interessa em ser dama e as faz, e a Shingle ouve as respostas. Não gosto muito do Jovem John Snowbeam. Ele faz caretas. Mas consegue pegar gravetos com os dedos dos pés."

"Adoro o som do vento aqui à noite, mamãe. Gosto de ficar deitada e escutá-lo."

"Fiz um pudim de ameixa na semana passada. Teria ficado muito gostoso se tivesse dado certo. A senhora Jimmy John disse que eu deveria tê-lo preparado no vapor. Não me importo que a senhora Jimmy John saiba dos meus erros. Ela tem um olhar muito doce."

"É muito divertido cozinhar esse tanto de batata em uma panela de três pés, mamãe."

"Os Jimmy Johns têm quatro cachorros. Três deles vão a toda parte, e um só fica em casa. Temos um cachorro. Cães são ótimos, mamãe."

"Pé de metro é o nome do empregado dos Jimmy Johns. Não é o nome real dele, é claro. Miranda diz que ele sempre foi apaixonado pela senhorita Justina Titus, mesmo ciente de que nunca terá uma chance, porque ela é fiel à memória de Alec Jacks, morto na Grande Guerra. Miranda também falou que a senhorita Titus ainda usa um *pompadour*, porque era assim que os cabelos dela estavam penteados quando ela se despediu do Alec. Achei essa história tocante, mamãe."

"Querida mamãe, adoro pensar que você lerá esta carta e a segurará nas mãos."

Não foi muito agradável para Jane imaginar que a avó também leria a carta. Podia ver os lábios finos da avó sorrir em alguns trechos. "Bem, as pessoas são o que são, Robin. Sua filha sempre gostou de ter amizade com as pessoas erradas."

"Que bom seria", pensou Jane ao jogar-se na cama só por diversão, "se mamãe estivesse aqui com papai em vez do doutor Arnett, e logo eles voltassem para casa. Deve ter sido assim algum dia."

Já era de madrugada quando Andrew Stuart levou o hóspede até o quarto onde Jane pusera a tigela azul e branca da vovó Stuart cheia de peônias carmesim sobre a mesinha. Em seguida, ele foi até o quarto de Jane nas pontas dos pés. A menina dormia profundamente. Um amor tão forte irradiava dele ao inclinar-se sobre a filha que ela sorriu enquanto sonhava. Ele tocou um dos cachos castanho-avermelhados caídos sobre o travesseiro.

– A criança está bem[13] – disse Andrew Stuart.

---

13 Referência ao poema *Nativity*, do poeta britânico Rudyard Kipling (1865-1936). (N. T.)

CAPÍTULO 22

Com a ajuda do *Culinária para iniciantes*, dos conselhos da senhora Jimmy John e do próprio bom senso, Jane aprendeu o ponto da massa de torta surpreendentemente rápido e surpreendentemente bem. Não se importava em pedir ajuda à senhora Jimmy John; no entanto, preferia morrer a pedir qualquer coisa à tia Irene. A senhora Jimmy John era uma criatura sábia e calma, com um rosto que transmitia gentileza e experiência. Tinha a reputação, em Lantern Hill, de nunca se irritar com nada, nem com eventos da igreja. Não ria quando Jane chegava correndo, lívida de preocupação, porque um bolo não havia crescido ou por ter derramado o recheio de limão, arrancando um olhar de deboche de papai. Na verdade, apesar de todo o talento natural para cozinhar, Jane teria feito muitas atrapalhadas se não fosse pela senhora Jimmy John.

– Eu usaria uma colher de sopa de amido cheia em vez de rasa, Jane.

– A receita diz que todas as colheres precisam ser rasas – questionava Jane, insegura.

– Não dá para seguir o livro à risca sempre – dizia Pé de Metro, que se interessava pela evolução da menina, como todo mundo. – Use o bom senso. Sempre digo que cozinhar é um dom com o qual se nasce e não pode ser ensinado, e meu palpite é de que você é uma cozinheira inata. Os bolinhos de bacalhau que fez outro dia estavam divinos.

O dia em que Jane conseguiu preparar sozinha um jantar inteiro, com cordeiro assado, creme de ervilha e um pudim de ameixa que até tio Tombstone poderia ter comido, foi o de maior orgulho na vida dela. Foi um deleite ouvir papai dizer, estendendo o prato:

– Mais um pouco, Jane. Que importância têm a hipótese planetesimal ou a teoria quântica comparadas a um jantar desses? Vamos, Jane, não me diga que nunca ouviu falar da teoria quântica. Uma mulher pode viver sem conhecer a hipótese planetesimal, mas a teoria quântica é essencial em qualquer lar bem equilibrado.

Jane não se importava quando papai a provocava. Não sabia o que era a teoria quântica, mas sabia que o pudim estava bom. A receita era da senhora Big Donald. Jane era ávida colecionadora de receitas e considerava perdido um dia em que o sol se punha sem que ela tivesse copiado uma nova nas páginas em branco do *Culinária para iniciantes*. Até a senhora Snowbeam contribuiu com uma de pudim de arroz.

– É o único que ela faz – disse Jovem John. – É barato.

Jovem John sempre aparecia para "raspar a panela". Tinha algum sexto sentido e sempre sabia quando Jane ia assar um bolo. Os Snowbeams achavam engraçado o fato de Jane ter dado nomes aos utensílios de cozinha. A chaleira que sempre dançava quando estava próxima do ponto de fervura se chamava Tipsy, a frigideira era a senhora Muffet, a bacia para lavar louça era a Polly, o caldeirão era o senhor Timothy, a panela de banho-maria era a Booties, e o rolo de massa ganhou a alcunha de Tillie Tid.

Entretanto, o grande desafio de Jane foram as rosquinhas. Parecia tão fácil... Todavia, nem os Snowbeams conseguiram comer o resultado final. Jane, determinada a não aceitar a derrota, tentou de novo e de novo. Todo mundo se interessou pelas atribulações dela com as rosquinhas. A senhora Jimmy John fez sugestões, e a mãe de Min deu dicas. O dono do armazém em Corners lhe mandou uma marca nova de banha.

JANE DE LANTERN HILL

Jane tentou fritá-las no Timothy, e então passou para a senhora Muffet. De nada adiantou. As perversas rosquinhas continuavam encharcadas. Jane acordava no meio da noite, preocupada com seu dilema.

– As coisas não podem continuar assim, minha adorada Jane – disse papai. – Sabia que a preocupação matou o gato da viúva? Além disso, as pessoas andam me dizendo que você parece muito adulta para a sua idade. Saia mais para brincar, minha Jane, e esqueça as rosquinhas.

A verdade é que Jane nunca aprendeu a fazer rosquinhas direito, o que a obrigou a continuar humilde e a impediu de se exibir quando tia Irene os visitou. A tia sempre se admirava delicadamente com o fato de Jane ter um quarto de hóspedes. E achou muito divertido ver Jane cortar lenha.

– É o papai que costuma fazer isso, mas ele está tão ocupado escrevendo que não o quis perturbar – disse Jane. – E gosto de cortar lenha.

– Que pequena filósofa ela é! – tia Irene falou, solenemente, inclinando-se para beijá-la.

Jane ruboresceu até as orelhas.

– Por favor, tia Irene, não gosto de ser beijada.

– Que agradável ouvir isso da minha própria sobrinha querida... – O arquear da sobrancelha loira da tia falou mais alto. A ardilosa e sorridente tia Irene nunca se zangava. Jane achava que se afeiçoaria mais a ela depois de uma boa discussão. Ela sabia que papai ficava um pouco chateado por ela e a tia não se darem muito bem e que ele achava que a culpa era dela. Talvez fosse. Talvez fosse malcriação da parte dela não gostar da tia.

"Sempre nos tratando com condescendência", pensou Jane, indignada. A questão não era o que ela dizia, mas a maneira como se expressava, como se Jane estivesse meramente fazendo de conta que era a empregada do papai.

Às vezes eles iam à cidade almoçar com tia Irene. Almoços maravilhosos, certamente. De início, Jane detestava. Com o passar do tempo, porém, começou a perceber que era possível manter a calma na presença da tia quando o assunto era preparar uma refeição.

– Você é maravilhosa, querida, mas tem responsabilidades demais. Não me canso de repetir isso a seu pai.

– Gosto de ter responsabilidades – retrucou Jane, irritada.

– Não seja tão sensível, querida... – Como se isso fosse um crime.

Ainda que não conseguisse aprender a fazer rosquinhas, Jane não teve dificuldade nenhuma com as geleias.

– Amo fazer geleia – disse Jane quando papai perguntou por que ela se dava ao trabalho. Ir à despensa e ver os potes rubi e âmbar nas prateleiras lhe proporcionava uma profunda sensação de satisfação e trabalho bem-feito. Todas as manhãs, acordava bem cedinho para colher amoras com Min ou os Snowbeams. À tarde, Lantern Hill era dominada pelo aroma pungente das compotas. Quando Jennie Lister ganhou uma variedade de geleias e conservas de presente de chá de panela, Jane juntou-se às outras mulheres, toda orgulhosa, com uma cesta repleta de potes. Divertiu-se muito na festa, pois, àquela altura, já conhecia todo mundo, e todo mundo a conhecia. Uma caminhada até a vila era um prazer. Ela podia parar e conversar com todos que encontrava e brincar com os cachorros. Jane achava que quase todas as pessoas eram gentis. Havia diversos tipos de gentileza.

Ela não tinha dificuldade em conversar com qualquer pessoa sobre qualquer assunto. Por mais que gostasse de brincar com os jovens, adorava conversar com os mais velhos. Era capaz de ter discussões fascinantes com Pé de Metro sobre adubos, o preço da carne de porco e o que fazia com que as vacas comessem madeira. Nas manhãs de domingo, caminhava com Jimmy John pela fazenda e julgava as colheitas. Tio Tombstone lhe ensinou a guiar a charrete.

– Ela conseguiu fazer uma curva já na primeira tentativa – contou ele à família de Jimmy John.

Pé de Metro, não querendo ficar para trás, deixou, um dia, que a menina guiasse uma carga de feno até o grande celeiro da fazenda.

JANE DE LANTERN HILL

– Eu não teria feito melhor. Você leva jeito com cavalos, Jane.

Mas o colega de papo favorito de Jane era o velho Timothy Salt, que morava em uma casa de teto baixo, rodeada por abetos escuros, próxima ao porto. Tinha o rosto mais alegre, astuto e encarquilhado que Jane já vira, com olhos fundos que pareciam poços de bom humor. Jane lhe fazia companhia por horas, enquanto ele abria mariscos e contava histórias de velhos desastres marítimos, lendas antigas e esquecidas sobre dunas e penínsulas, e mitos da costa norte que soavam como espectros etéreos. Às vezes, outros pescadores veteranos se juntavam para trocar relatos. Jane ficava sentada, de ouvidos atentos, afastando o porco manso do senhor Timothy quando se aproximava demais. O vento salgado soprava ao redor dela. As ondas pequenas fugiam do pôr do sol, e mais tarde os barcos pesqueiros partiam sob o balanço do mar em direção à lua. Em alguns dias, uma névoa branca sinistra se esgueirava pelas dunas, transformando as colinas do outro lado do porto em fantasmas, e até as coisas mais feias pareciam adoráveis e misteriosas.

– Como vai a vida? – perguntava Timothy seriamente, e Jane respondia com a mesma seriedade que a vida ia muito bem.

Timothy lhe deu uma caixa cheia de corais e conchas oriundas das Índias Ocidentais e Orientais. Ele a ajudou a buscar pedras chatas na praia para criar uma trilha no jardim. Ensinou-lhe a costurar, a usar o martelo e a nadar. Jane achou que tivesse engolido boa parte do Oceano Atlântico durante o processo, mas aprendeu e correu para casa toda ensopada para se gabar ao papai. E ela fez uma rede com vigas de barris que virou o assunto do momento em Lantern Hill.

– Ninguém segura aquela criança – comentou a senhora Snowbeam.

Timothy amarrou a rede para ela entre dois abetos. Papai não era muito bom com coisas desse tipo, ainda que tivesse lhe prometido fazê-lo se ela lhe dissesse uma rima para a palavra "prata".

Timothy a ensinou a identificar os sinais do clima. Jane nunca se sentiu tão conectada com o céu antes. Subir ao topo da colina em Lantern

Hill e olhar para a imensidão do firmamento ao redor era maravilhoso. Jane podia passar horas sentada sobre as raízes dos abetos admirando o céu, ou em algum recanto dourado e feliz entre as dunas. Aprendeu que um céu com nuvens onduladas era sinal de clima ameno e que nuvens finas e compridas indicavam ventos fortes. Aprendeu que um céu avermelhado pela manhã prenunciava chuva, assim como quando os abetos escuros na colina do Little Donald pareciam mais próximos e nítidos. Jane dava boas-vindas à chuva em Lantern Hill. Não gostava de chuva na cidade; ali, à beira-mar, amava. Adorava ouvi-la cair sobre as samambaias do lado de fora da janela à noite, assim como o aroma fresco. Jane amava tomar chuva... até ficar encharcada. Gostava das pancadas que às vezes caíam no outro lado do porto, brumosas e púrpura, quando o céu estava limpo sobre a colina. Gostava até das tempestades, quando atravessavam o mar para além da barreira de dunas sombrias e não chegavam perto demais. Uma noite, contudo, houve um temporal horrível. Raios cortavam a escuridão como espadas azuis; trovões ribombavam sobre Lantern Hill. Jane estava encolhida na cama, com a cabeça enterrada no travesseiro, quando sentiu o abraço de papai. Ele a ergueu e a segurou contra o peito, deixando o par de Pedros indignados ao tirá-los do caminho.

– Assustada, minha Jane?

– Nã-ã-o – mentiu ela corajosamente. – É que... não é aceitável.

Papai gargalhou.

– Você está certa. Trovões como esses são um insulto. Mas logo passarão... Já estão passando. "As colunas dos céus se abalam e ficam atônitas perante Sua repreensão." Sabe de onde é essa citação, Jane?

– Parece da Bíblia – ela respondeu assim que recuperou o fôlego, depois de uma explosão que provavelmente dividira a colina em duas. – Não gosto da Bíblia.

– Não gosta da Bíblia? Jane, Jane, isso não pode continuar assim. Se uma pessoa não gosta da Bíblia, deve haver alguma coisa errada com ela ou com a forma como ela entrou em contato com a Sagrada Escritura. Temos que fazer algo a respeito. A Bíblia é um livro maravilhoso, minha Jane. Repleto de histórias ótimas e da melhor poética que o mundo já conheceu. Cheio de exemplos da verdadeira "natureza humana". Recheado de sabedoria, verdade, beleza e bom senso que atravessaram o tempo. Sim, sim, temos que resolver isso. Acho que o pior da tempestade já passou, e amanhã de manhã voltaremos a ouvir as ondas sussurrar umas para as outras ao sol, e as gaivotas voltarão a espalhar mágica com suas asas prateadas. Começarei o segundo canto do meu grande épico sobre a vida de Matusalém, e Jane terá que passar pela angústia deliciosa de decidir se vai querer tomar o café dentro ou fora de casa. "E as montanhas cantarão alegremente" é outra passagem da Bíblia, Jane. Você vai adorá-la.

Talvez... embora Jane achasse que precisaria de um milagre. De qualquer maneira, amava papai. Mamãe ainda era a luz da vida dela, como a lembrança da Estrela Vésper. Mas papai era... papai!

Jane adormeceu novamente e teve um pesadelo terrível, em que não conseguia encontrar as cebolas e as meias de papai com os dedos azuis que precisavam de remendo.

CAPÍTULO 23

No fim das contas, Jane não precisou de um milagre para gostar da Bíblia. Ela e papai iam até a praia todo domingo à tarde para a leitura de um trecho dela. Jane amava as tardes de domingo. Levavam comida e jantavam agachados na areia. Jane tinha um amor inato pelo mar e por tudo relacionado a ele. Amava as dunas, a música dos ventos que assoviavam ao longo da solitude prateada da areia e as enseadas longínquas que ficavam cravejadas de luzes das casas nos fins de tarde azulados. E amava a voz de papai enquanto lia a Bíblia para ela. A voz dele fazia qualquer coisa soar bonita. Jane pensou que, mesmo se papai não tivesse nenhuma outra qualidade, ela o amaria pela voz. Também amava os comentários breves que ele fazia enquanto lia, o que tornava os versículos mais vivos. Nunca imaginara que a Bíblia poderia ser tão interessante. Até porque papai não lia trechos sobre hastes e cálices.

– "Quando as estrelas matutinas cantavam em coro"... Essa é a essência do júbilo da criação, Jane. Você consegue ouvir a música imortal dos corpos celestes? "Sol, detém-te sobre Gibeom, e tu, lua, sobre o vale de Ajalom"... Quanta arrogância sublime, Jane... Nem o próprio Mussolini se igualaria. "E aqui se quebrarão as tuas ondas orgulhosas"... veja-as chegar até a praia, Jane... "além deste ponto não avançarão"... a lei majestosa a que obedecem jamais falha. "Não me dês nem a pobreza nem a riqueza"... a prece de Agur, filho de Jaque. Agur foi um homem judicioso, minha Jane. Eu não disse que a Bíblia estava cheia de bom senso? "O tolo revela tudo que sente." Os provérbios são implacáveis com os tolos, Jane, e com razão. São os tolos que causam todos os problemas no mundo, e não as pessoas perversas. "Aonde quer que tu fores irei eu, e onde quer que pousares, ali pousarei eu; o teu povo é o meu povo, o teu Deus é o meu Deus; onde quer que morreres morrerei eu, e ali serei sepultada. Que o Senhor me castigue com todo o rigor se outra coisa que não a morte me separar de ti"... É a maior expressão de emoção com que já me deparei em qualquer idioma, Jane: a fala de Rute a Noemi... e com palavras tão simples! O autor desse versículo soube como combiná-las de maneira inigualável. Era tão erudito que não precisou usar muitas delas. Jane, as coisas mais horríveis e as mais lindas do mundo podem ser ditas com três palavras ou menos: "eu amo você", "ele se foi", "ele chegou", "ela morreu", "tarde demais", iluminando ou arruinando a vida. "As notas de todas as canções parecerão fracas para ti"... Você não sente um pouco de pena, Jane, de todas as notas musicais tolas e frágeis? Acha que elas merecem tamanha humilhação? "Levaram embora o meu Senhor, e não sei onde o puseram": o clamor supremo de desolação! "Perguntai pelos caminhos antigos, e os sigam; e acharão descanso"... Ah, Jane, os pés de muitos de nós se afastaram dos caminhos antigos e não sabemos como retornar a eles, por mais que desejemos. "Como água fresca para a garganta sedenta é a boa notícia que chega de uma terra distante"... Você já sentiu sede, Jane, sede de verdade, ardendo em febre, imaginando que a água gelada era o próprio Paraíso? Eu já, mais de uma vez. "Mil anos para ti são como o dia de ontem que passou, como as horas da noite"... Pense em um Ser como esse, Jane, quando se sentir torturada pelos pequenos momentos. "Conhecei a verdade, e a verdade vos libertará". O dito mais terrível e formidável do mundo, Jane, porque todos nós temos medo da verdade e da liberdade. Foi por isso que matamos Jesus.

Jane não compreendia tudo que papai dizia, todavia guardava cada palavra na mente para o futuro. Pelo resto da vida teria *flashes* recorrentes de sabedoria ao se lembrar do que ele dissera. Não apenas da Bíblia, mas também dos poemas que lera para ela naquele verão. Ele ensinou a ela o amor pelas palavras. Papai as lia como se as estivesse saboreando.

– "Vislumbres da lua", um dos versos imortais da literatura, Jane. Há versos que são pura magia.

– Eu sei – disse Jane. – "Na estrada para Mandalay"[14] eu li ontem em um dos livros da senhorita Colwin, e "o toque sutil do clarim da terra dos elfos"[15] me causa uma melancolia gostosa.

– Você carrega a essência da poesia dentro de si, Jane. Mas, oh, Jane, por que... por que... por que Shakespeare deixou para a esposa sua segunda melhor cama?

– Talvez porque ela gostasse mais daquela cama – respondeu a prática Jane.

– A sabedoria das crianças... Imagino se essa hipótese eminentemente lógica ocorrera a algum dos pesquisadores que já se torturaram por causa dessa questão. Consegue imaginar quem foi aquela dama, Jane? Você sabe que, quando um poeta exalta uma mulher, ela se torna imortal, como Beatriz[16], Laura[17], Lucasta[18], Highland Mary[19]. Ainda falamos delas centenas de anos após terem morrido, porque foram amadas por

---

14 Verso do poema *Mandalay*, do poeta britânico Rudyard Kipling (1865-1936). (N. T.)

15 Verso do poema *The splendor falls*, do poeta inglês Alfred Tennyson (1809-1892). (N. T.)

16 Personagem do romance autobiográfico *Vida nova*, de Dante Alighieri (1265-1321). (N. T.)

17 Personagem da obra *Il canzoniere*, do escritor italiano Petrarca (1304-1374), supostamente inspirada por uma mulher que o autor conheceu. (N. T.)

18 Personagem da coletânea de poemas *Lucasta*, do poeta inglês Richard Lovelace (1617-1657). (N. T.)

19 Mary Campbell (1763-1786), também conhecida como Highland Mary, que inspirou o poema que leva sua alcunha, escrito pelo poeta escocês Robert Burns (1759-1796). (N. T.)

grandes poetas. Hoje a erva-daninha cresce sobre Troia, mas ainda nos lembramos de Helena[20].

– Suponho que ela não tinha uma boca muito grande – disse Jane com pesar. Papai se esforçou para manter a seriedade.

– Nem muito pequena, Jane. Você consegue imaginar a deusa Helena com lábios em forma de um botão de rosa?

– A MINHA boca é muito grande, papai? – perguntou Jane, em tom de súplica. – As garotas da St. Agatha disseram que é.

– Ela não é grande demais, Jane. Você tem um sorriso generoso, a boca de alguém que se doa e não espera nada em troca, uma boca franca, amigável, com cantos muito bem delineados. Nada há de errado com ela... Você não teria fugido com Páris[21] e causado toda aquela confusão. Teria sido fiel a seus votos, Jane, peremptoriamente, mesmo neste mundo de pernas para o ar.

Jane teve a sensação estranha de que papai estava pensando em mamãe, e não na Helena de Argos. Porém, foi confortada pelo que ele disse sobre a boca.

Papai nem sempre lia os clássicos. Um dia, ele a levou até a praia com uma coletânea curta de poemas escritos por Bernard Freeman Trotter.

– Eu o conheci durante a guerra. Foi morto em combate. Ouça a canção dele sobre os álamos, Jane.

"E assim eu canto os álamos; e quando morrer
Não espero me deparar com muros de jaspe,
Mas uma fileira de álamos contra o céu inglês"[22]

---

20 Uma das filhas de Zeus na mitologia grega e uma das personagens centrais da obra *Ilíada*, do poeta grego Homero. (N. T.)
21 Personagem da mitologia grega responsável por raptar Helena, esposa do governador de Esparta, o que desencadeou a Guerra de Troia. (N. T.)
22 Verso do poema *The poplars*, do poeta canadense Bernard Freeman Trotter (1890-1917). (N. T.)

– O que você espera encontrar quando chegar ao céu, Jane?

– Lantern Hill – respondeu Jane.

Papai riu. Era delicioso fazer papai rir... e muito fácil. Ainda que, muitas vezes, Jane não soubesse exatamente do que ele estava rindo. Não se importava nem um pouco, mas, de vez em quando, perguntava se mamãe se incomodara com isso.

Em um fim de tarde, quando papai estava cansado de tanto ler poesia, Jane disse timidamente:

– Papai, você gostaria de me ouvir recitar?

Ela declamou *O pequeno bebê de Mathieu*. Foi fácil. Papai era uma ótima plateia.

– Você tem muito talento, Jane. Foi bom. Preciso lhe dar algumas orientações nessa parte, também. Eu costumava ser muito bom em recitar poesias épicas.

"Alguém de quem ela não gostava era muito bom em ler poesias antigas"... Jane lembrou-se de quem dissera isso. Agora compreendia mais uma coisa.

Eles estavam parados em um ponto onde era possível avistar a casa por um vão entre as dunas sob o crepúsculo.

– Posso ver as luzes na casa dos Jimmy Johns e dos Snowbeams em Hungry Cove. Já a nossa está escura. Venha, vamos iluminar a casa, Jane. Sobrou um pouco daquele purê de maçã que fez no almoço?

Então, voltaram para casa. Papai acendeu uma lamparina de querosene e sentou-se à escrivaninha para trabalhar em seu épico sobre Matusalém, ou em alguma outra coisa, e Jane acendeu uma vela e foi para o quarto. Preferia as velas às lamparinas. Elas queimavam de maneira tão graciosa, o filete de fumaça subindo em uma dança suave e o pavio incandescente, que dava uma última piscadela antes de se apagar e deixar tudo no escuro.

Ao apresentar a Bíblia a Jane, papai fizera com que a História e a Geografia ganhassem vida. Ela lhe contara que sempre tivera dificuldade com essas disciplinas. E logo História deixou de ser um amontoado de datas e nomes da fria Antiguidade e se transformou em uma célebre estrada do tempo, em que papai contava fábulas maravilhosas sobre reis orgulhosos. Os mais simples incidentes na voz de papai, ressoante como o mar, ganhavam ares tão românticos e emocionantes que Jane sabia que jamais os esqueceria. Tebas, Babilônia, Tiro, Atenas, Galileia eram lugares onde viveram pessoas reais, pessoas que ela conhecia. Por isso, era fácil interessar-se por todos os seus aspectos e detalhes. A Geografia, que antes era um mero mapa do mundo, tornou-se igualmente fascinante.

– Vamos para a Índia – dizia papai, e lá iam eles, enquanto Jane costurava botões nas camisas de papai ao longo do caminho. A mãe de Min era especialista em pregar botões. Em pouco tempo, Jane conheceu todas as terras longínquas e exuberantes tão bem quanto conhecia Lantern Hill... pelo menos era o que sentia ao viajar por elas com papai.

– Algum dia, filha, vamos realmente conhecê-las. A terra do sol da meia-noite... Essa frase não é fascinante, Jane? A distante Catai, Damasco, Samarcanda, o Japão das cerejeiras em flor, o Eufrates, entre os impérios mortos, o nascer da lua sobre o templo Karnak, os vales do lótus na Caxemira, os castelos às margens do Reno. Há uma vila na cordilheira dos Apeninos, os "Apeninos nublosos", que quero conhecer, minha Jane. Enquanto isso, vamos desenhar um lindo mapa da Atlântida perdida.

– Vou começar a estudar francês no ano que vem – disse Jane. – Acho que vou gostar.

– Também acho. Você despertará para o fascínio dos idiomas. Pense neles como portas que levam a um palácio magnífico. Você vai gostar até do latim, por mais morto que esteja. Não é triste pensar que uma língua está morta, Jane? Algo que já foi cheio de vida e incandescência. As pessoas diziam gentilezas através dele, amarguras, tolices e sabedorias. Fico imaginando quem foi a última pessoa que proferiu uma frase em latim antes de o idioma falecer. Jane, de quantas botas uma centopeia precisaria caso precisasse de botas?

Aquele era papai. Gentil, sério, sonhador, com uma pitada deliciosa de absurdez. Jane sabia muito bem o que a avó teria dito.

Domingo era um dia interessante em Lantern Hill não só pela leitura da Bíblia com papai, mas também porque Jane ia à igreja de Queen's Shore com os Jimmy Johns pela manhã. Ela adorava. Colocava o vestido de linho verde cavado e carregava, com orgulho, um hinário nas mãos. Eles atravessavam os campos por uma trilha que passava pela beirada das terras de Big Donald, por uma campina fresca onde ovelhas pastavam, em seguida pegavam a estrada próxima à casa de Min, onde a menina se juntava a eles, e por fim cruzavam um terreno tomado pela grama onde ficava a "igrejinha do sul", uma construção pequena e branca em meio a um bosque de faias e abetos em que o vento parecia sempre assoviar adoravelmente. Jane não conseguia imaginar algo mais diferente da igreja que a avó frequentava. As janelas eram de vidro simples, e através delas era possível ver os bosques e a grande cerejeira silvestre que havia ali perto. Jane queria vê-la durante a florada.

Todas as pessoas estavam com o que Pé de Metro chamava de "cara de domingo", e o ancião Tommy Perkins parecia tão solene e venerável que Jane achava difícil acreditar que era o mesmo sujeito divertido dos dias da semana. A senhora Little Donald sempre lhe dava uma menta por cima do banco e, apesar de não gostar de balas de menta, aquelas pareciam estranhamente saborosas. Havia algo divino no sabor delas, refletiu Jane.

Pela primeira vez, Jane pôde cantar com o coral, o que fez com prazer. Ninguém no número 60 da Rua da Alegria supunha que Jane soubesse cantar, e ela ficou grata quando descobriu que conseguia ao menos seguir a melodia, do contrário teria se sentido deslocada durante a "cantoria" dos Jimmy Johns no velho pomar, nas noites de domingo. De certa forma, Jane achava a cantoria a melhor parte dos domingos.

Os Jimmy Johns cantavam como pintarroxos, e o hino favorito de cada um tinha sua vez. Dono de uma voz grave tremenda, Pé de Metro dizia que eles escolhiam hinos menos "sisudos" que os da igreja em seus hinários de capas moles e orelhas dobradas. Ocasionalmente, o cachorro da família que ficava em casa resolvia cantar junto. O mar enluarado servia de cenário no horizonte.

Eles sempre encerravam com "Deus Salve o Rei", e todos escoltavam Jane até a porta de Lantern Hill, incluindo os três cachorros que não ficavam em casa. Certo domingo, papai estava sentado no banco de pedra que Timothy construíra para ela, fumando seu Velho Desprezível e "desfrutando a beleza da escuridão", como ele mesmo dissera. Jane sentou-se ao lado do pai, que colocou o braço sobre os ombros dela. O Primeiro Pedro ronronava indolentemente em volta deles. A noite estava tão silenciosa que era possível ouvir as vacas pastar nos campos de Jimmy John e tão fria que Jane ficou contente com o calor transmitido pelo terno de *tweed* de papai. Estava silenciosa, fria e doce, enquanto todos em Toronto sofriam com uma onda de calor, de acordo com o jornal de Charlottetown do dia anterior. Mamãe fora para Muskoka com alguns amigos. A pobre Jody devia estar sufocando naquele quartinho quente no sótão. Se ao menos estivesse ali!

– Jane – disse papai –, você acha que eu deveria tê-la convidado para vir para cá na primavera passada?

– É claro.

– Mas será que isso não teria... magoado alguém?

O coração de Jane disparou. Era a primeira vez que ele chegava perto de mencionar a mamãe.

– Não muito, pois eu estaria de volta em setembro.

– Ah, sim... Sim, você voltará para casa em setembro.

Jane por alguns momentos esperou que ele dissesse mais alguma coisa, o que não aconteceu.

CAPÍTULO 24

"Você tem visto Jody?", escreveu Jane para a mãe. "Eu me pergunto se ela tem comido o suficiente. Ela sempre diz que sim, nas cartas. Recebi três dela. Mas, às vezes, elas soam famintas para mim. Ela ainda é minha melhor amiga, mas Shingle Snowbeam, Polly Garland e Min são pessoas incríveis. Shingle está progredindo bastante. Agora lava atrás das orelhas e mantém as unhas limpas. E parou de cuspir, embora ache muito divertido. O Jovem John ainda faz isso. Está colecionando tampinhas de garrafas e as prende na camisa. Estamos todos juntando tampinhas para ele."

"Miranda e eu decoramos a igreja com flores todos os sábados. Colhemos um monte, e ainda ganhamos um tanto das senhoritas Titus. Nós as buscamos no caminhão do irmão do Ding-Dong. Elas moram em um lugar chamado Brook Valley[23]. Não é um nome lindo? A senhorita Justina é a mais velha, e a senhorita Violet, a mais jovem. São muito altas e elegantes. Têm um jardim adorável, e, se quiser fazer média com elas, Miranda diz que é só elogiar o jardim. Elas farão o que você quiser.

---

[23] "Vale do Riacho", em português. (N. T.)

Há uma trilha ladeada por cerejeiras no jardim que fica maravilhosa na primavera, de acordo com Miranda. Ambas são pilares da igreja, e todos as respeitam imensamente; no entanto, a senhorita Justina nunca se esqueceu de que o senhor Snowbeam a chamou de 'senhora' certa vez. Ele achou que ela ficaria contente."

"A senhorita Violet vai me ensinar o ponto *ajour*. Diz que toda dama deve saber costurar. O rosto dela demonstra a idade, mas os olhos são jovens. Gosto muito das duas."

"De vez em quando, as duas brigam. Tiveram uma discussão terrível neste verão por causa de uma figueira da mãe delas, falecida no ano passado. Ambas a consideram feia, porém sagrada, e jamais sonhariam em se desfazer dela; a senhorita Violet acha que, agora que a mãe morreu, o vaso poderia ficar no corredor dos fundos; já a senhorita Justina acha que não, que deveria continuar na sala de estar. Chegaram até a ficar sem se falar por causa disso. Sugeri que o vaso ficasse uma semana na sala e uma semana nos fundos. Elas ficaram admiradas com a ideia e a adotaram, e a paz voltou a Brook Valley."

"Miranda cantou *Habite em mim* na igreja, no domingo à noite (eles têm uma noite de pregação uma vez ao mês). Ela diz que ama cantar porque se sente magra. É tão gorda que tem medo de não conseguir nenhum namorado, mas Pé de Metro falou para ela não se preocupar, pois os homens gostam de mulheres de carnes fartas. Isso foi rude, mamãe? A senhora Snowbeam acha que foi."

"Cantamos todos os domingos ao anoitecer no pomar de Jimmy John, mas só canções sagradas, é claro. Gosto daquele lugar. A grama é macia e longa, e as árvores crescem do jeito que bem entendem. Os Jimmy Johns se divertem muito juntos. Deve ser esplêndido ter uma família grande."

"Punch Jimmy John está me ensinando a correr descalça por um campo sem machucar os pés. Às vezes, vou até lá descalça. Todos os Jimmy Johns e os Snowbeams andam sem sapatos. É gostoso correr sobre a grama molhada, sentir a areia entre os dedos dos pés e pisar na lama. Você não se importa, não é mesmo, mamãe?"

"A mãe de Min lava as roupas para nós. Tenho certeza de que daria conta dessa tarefa, mas não tenho permissão. Também lava as roupas de todos os veranistas em Harbour Head. O porco da mãe de Min ficou muito doente, mas tio Tombstone cuidou dele. Fico contente por ele ter sobrevivido, pois, se tivesse morrido, não sei o que elas teriam para comer no próximo inverno. A mãe de Min é conhecida pelo ensopado de mariscos. Vai me ensinar a prepará-lo. Shingle e eu gostamos de ostras."

"Fiz um bolo ontem, e as formigas atacaram a cobertura. Fiquei mortificada, porque teríamos visitas para o almoço. Gostaria de saber como manter as formigas no lugar delas. Apesar disso, tio Tombstone disse que sei preparar sopa de verdade. Vamos ter frango para o almoço amanhã. Prometi guardar o pescoço para o Jovem John e uma coxa para Shingle. E, oh, mamãe, o lago está repleto de trutas. Nós as pescamos e as comemos. Imagine só, pescar trutas no próprio lago e fritá-las para o almoço!"

"Pé de Metro tem dentes falsos e sempre os tira e guarda no bolso quando vai comer. Quando faz uma visita e o convidam para almoçar, ele sempre fala 'não, obrigado'; do contrário, nunca mais volta lá. O Pé de Metro diz que precisamos ter amor-próprio."

"Timothy Salt me deixa espiar pela luneta dele. É tão divertido olhar para as coisas pelo lado errado! Elas parecem tão pequenas e distantes, como se estivessem em outro mundo."

"Ontem, Polly e eu descobrimos um canteiro de erva-doce nas dunas. Colhi um monte para levar a você, mamãe. A senhorita Titus disse que ela dá um perfume gostoso quando guardada entre os lenços."

"Escolhemos nomes para os bezerros dos Jimmy Johns hoje. Os bonitos ganharam nomes de pessoas de que gostamos, e os feios, de pessoas de que não gostamos."

"Shingle, Polly e eu venderemos doces na festa do sorvete que acontecerá em Corners na semana que vem."

"Fizemos uma fogueira na praia, com madeira trazida pelo mar uma noite dessas, e dançamos ao redor dela."

"Penny Snowbeam e Punch Jimmy John estão ocupados demais agora cuidando das batatas. Não gosto de besouros de babatas. Quando Punch Jimmy John falou que eu era uma menina corajosa por não ter medo de ratos, Penny disse: "Ah, coloque um inseto nela para ver o que acontece". Fiquei feliz por ele não ter feito o teste, porque receio que não teria passado."

"A porta da frente estava empenando, então peguei emprestada a plaina do Pé de Metro e a consertei. Também remendei a calça de Jovem John. A senhora Snowbeam disse que estava sem remendos e que o traseiro do filho estava quase à mostra."

"A senhora Little Donald vai me mostrar como preparar marmelada. Ela guarda o doce em potinhos de pedra adoráveis que foram da tia dela, mas terei que guardá-lo em potes de vidro com vedação."

"Tio Tombstone me pediu para escrever uma carta para a mulher dele, que viajou para Halifax. Comecei com 'minha querida esposa', mas ele falou que nunca a chama assim e que talvez ela fosse estranhar, e que era melhor colocar 'querida Ma'. Ele disse que a teria escrito por conta própria se não tivesse problemas com a ortografia."

"Mamãe, eu amo você muito, muito, muito."

Jane baixou a cabeça sobre a carta, sentindo um nó na garganta. Se ao menos mamãe estivesse ali, com ela e papai, para nadar com eles, deitar-se na areia com eles, comer trutas frescas com eles, rir com eles dos gracejos do dia a dia e correr com eles sob a lua... Como seria lindo!

CAPÍTULO 25

Tia Em mandou avisar que gostaria que Jane Stuart a visitasse.

– Você tem que ir – disse papai. – Os convites de tia Em são como os da realeza por essas bandas.

– Quem é tia Em?

– Não sei dizer ao certo. Nunca me lembro se o último marido dela foi o senhor Bob Barker ou o senhor Jim Gregory. De qualquer forma, isso não importa. Todos a chamam de tia Em. Ela é baixinha e tão magra que, certa vez, o vento quase a levou para o outro lado do porto. Entretanto, é sábia como uma velha feiticeira. Mora naquela estradinha sobre a qual você me perguntou outro dia e vive de tecer, fiar e tingir trapos para tapetes. Ela os tinge como nos bons e velhos tempos, com ervas, casca de árvore e musgo. Sabe tudo de que você precisa saber sobre as cores que se podem conseguir dessa maneira. Jamais desbotam. É melhor ir nesta tarde, Jane. Preciso terminar o terceiro canto do meu épico sobre Matusalém nesta noite. Ainda estou nos primeiros trezentos anos de vida daquele rapaz.

De início, Jane tinha fé no épico de papai. Só que agora ele se transformara em uma piada recorrente em Lantern Hill. Quando papai dizia que precisava terminar outro canto, Jane sabia que ele precisava escrever algum tratado profundo para o *Saturday Evening* e não podia ser perturbado. Ele não se importava em tê-la por perto quando escrevia poesia, canções de amor, idílios, sonetos dourados. Todavia, a poesia não pagava muito bem, diferentemente do periódico.

Jane partiu depois do almoço para a casa de tia Em. Os Snowbeams, que já haviam perdido um grande acontecimento naquela tarde, quiseram ir com ela em bando, mas Jane recusou a companhia. Todos ficaram bravos (com exceção de Shingle, que decidiu que não era elegante ir aonde não fora convidada e voltou para Hungry Cove) e insistiram em segui-la de longe, caminhando junto da cerca com expressão de admiração exagerada, provocando Jane enquanto ela marchava com desdém no meio da estrada.

– Não é uma pena as orelhas dela serem tão grandes? – disse Penny.

Jane sabia que suas orelhas não eram grandes, portanto isso não a incomodou. Mas o que ouviu em seguida a deixou ressabiada.

– E se ela se deparar com um crocodilo na beira da estrada? – disse Caraway. – Seria pior que uma vaca.

Jane fez careta. Como é que os Snowbeams sabiam que ela morria de medo de vacas? Ela achava que escondera isso muito bem.

Agora que estavam com a língua solta, despejaram uma verdadeira torrente de insultos em Jane.

– É metida demais para pessoas como nós.

– Sempre achei que você tem um sorrisinho arrogante.

– Acha que tia Em vai lhe dar almoço?

– Se der, já sei o que vai ser – gritou Penny. – Vinagre de framboesa, dois biscoitos e uma fatia de queijo. Rá! Quem comeria isso? Eca!

– Aposto que você tem medo do escuro.

– Jane, que não tinha medo nenhum do escuro, manteve-se no mais absoluto silêncio.

– Você é uma forasteira – disse Penny.

Nada mais a incomodou. Jane conhecia bem os Snowbeams. Porém, aquilo a enfureceu. Ela, uma forasteira! Em plena Ilha adorável onde ela nascera! Ela parou e virou-se para Penny.

– Esperem só até vocês pedirem para raspar outra panela – disse, destilando veneno.

Todos os Snowbeams se detiveram. Não tinham pensado nisso. Era melhor deixar Jane Stuart em paz.

– Ah, não queríamos ferir seus sentimentos... de verdade, mesmo! – protestou Caraway.

Eles prontamente tomaram o caminho de casa, mas o irrepreensível Jovem John gritou ao virar-se:

– Tchau, engomadinha.

Jane, assim que se livrou dos Snowbeams, divertiu-se bastante durante a caminhada. Poder ir a qualquer lugar no campo sem precisar dar explicações ou ser criticada era uma das melhores coisas da vida em Lantern Hill. Adorou a chance de explorar a estradinha onde tia Em morava. Ela já se perguntara aonde ela levava, aquele tímido caminho de terra vermelha cercado por pinheiros e abetos que tentava se esconder a cada curva. O ar estava tomado pelo aroma da grama aquecida pelo sol, as árvores comentavam sobre ela em alguma língua ancestral, e coelhos saltitavam entre as samambaias. Em um pequeno vale, ela encontrou uma placa velha ao lado da estrada... letras pretas em uma tábua branca, colocada ali por um homem velho que morrera havia muito tempo. "Ó vós, todos os que tendes sede, vinde às águas"[24]. Jane seguiu o dedo que apontava para uma senda encantada entre as árvores e chegou até um córrego límpido, ladeado de pedras cobertas de musgo. Parou para tomar água, juntando as mãos morenas. Um esquilo descarado saltou de uma velha faia, e Jane o afugentou. Teria gostado de ficar mais tempo por ali, mas raios de sol dourados já apontavam acima do topo

---

24 Referência ao Antigo Testamento, Isaías 55:1. (N. T.)

das árvores, e ela precisava se apressar. Ao deixar o vale do córrego, avistou a casa de tia Em enrolada como um gato no sopé da montanha. Um longo caminho levava até ela, decorado por perpétuas brancas e douradas de ambos os lados. Jane encontrou tia Em fiando em uma pequena roca na frente da porta da cozinha, com uma fascinante pilha de lã prateada em um banco ao lado. Ela levantou-se quando Jane abriu o portão. Era realmente baixinha e não chegava à altura de Jane. Usava um velho chapéu de feltro sobre os cabelos encaracolados e cinzentos, que pertencera a um dos maridos, e os olhinhos pretos cintilavam afavelmente a despeito da brusquidão com que perguntou:

– Quem é você?

– Sou Jane Stuart.

– Eu sabia – disse tia Em com ar triunfal. – Soube no instante em que a avistei na entrada. É fácil identificar um Stuart pelo jeito de andar.

Jane tinha um jeito próprio de caminhar: rápido sem ser apressado, firme ainda que leve. Os Snowbeams diziam que Jane tinha um andar empertigado, mas ela discordava. Ficou muito contente por tia Em achar que ela caminhava como os Stuarts. E gostou de tia Em de imediato.

– Entre e sente-se um pouco, se não se importar – disse tia Em, oferecendo a mão morena e enrugada. – Acabei de terminar essa encomenda para a senhora Big Donald. Ah, já não trabalho tanto quanto antes, mas fui uma mulher muito ativa na juventude, Jane Stuart.

Nenhum cômodo da casa de tia Em tinha o piso nivelado. Cada um empenava para um lado diferente. Não era uma casa notoriamente arrumada, todavia passava uma sensação acolhedora que agradara a Jane. A cadeira na qual se sentou era uma velha amiga.

– Agora podemos conversar – disse a pequena tia Em. – Hoje estou inspirada. Quando não estou, ninguém consegue arrancar uma palavra de mim. Deixe-me pegar meu tricô. Não sei bilrar, costurar, bordar nem fazer crochê, só que ninguém tricota melhor que eu em toda a Ilha. Faz algum tempo que quero conhecê-la... Todo mundo comenta de você.

Ouvi dizer que é esperta. A senhora Big Donald disse que você cozinha muito bem. Onde aprendeu?

– Oh, acho que sempre soube – respondeu Jane sonhadoramente. – Nem sob tortura revelaria a tia Em que nunca cozinhara antes de vir para a Ilha. Isso poderia passar uma imagem errada de mamãe.

– Só fiquei sabendo que você e seu pai estavam morando em Lantern Hill quando a senhora Big Donald me contou semana passada, no funeral de Mary Howe. Não vou a quase nenhum lugar mais, exceto a funerais. Faço questão de comparecer a todos. Você vê todo mundo e fica sabendo das notícias. Assim que a senhora Big Donald me contou, decidi que gostaria de conhecer você. Que cabelo espesso! E que orelhinhas adoráveis! Tem uma verruga no pescoço... É sinal de fartura. Não se parece com sua mãe, Jane. Eu a conhecia muito bem.

Jane sentiu-se inquieta.

– Oh, é mesmo?

– Sim. Eles moraram em uma casa em Harbour Head, e eu morava em uma fazenda nas proximidades, depois das dunas. Foi logo depois de eu me casar com meu segundo marido, o pior de todos. O jeito como os homens nos tratam! Eu costumava levar manteiga e ovos para sua mãe, e estava lá na noite em que você nasceu. Era uma noite bela e maravilhosa. Como vai sua mãe? Bonita e tola como sempre?

Jane deveria ter ficado ressentida por mamãe ter sido chamada de tola, mas não conseguiu. Por algum motivo, era impossível ficar brava com tia Em. Ela irradiava simpatia. De repente, Jane sentiu que podia conversar com tia Em sobre mamãe, fazer perguntas que jamais pudera fazer a alguém.

– Mamãe está bem... Oh, tia Em, você poderia me contar... PRECISO saber... Por que papai e mamãe se separaram?

– Boa pergunta, Jane Stuart! – Tia Em coçou a cabeça com uma agulha de tricô. – Nunca alguém descobriu. Todo mundo tem um palpite diferente.

JANE DE LANTERN HILL

– Será que eles... estavam... Eles chegaram a se amar, tia Em?

– Sim. Não tenha dúvida disso, Jane Stuart. Eles não tinham juízo nenhum, mas eram loucos um pelo outro. Gostaria de uma maçã?

– E por que não deu certo? Pode me dizer se foi por minha causa? Eles não me queriam?

– Quem falou isso? Sei que sua mãe ficou ensandecida de alegria quando você nasceu. Eu não disse que estava lá? E sempre achei que seu pai era excepcionalmente afeiçoado a você, ainda que tivesse um jeito peculiar de demonstrar.

– Então... por quê... por quê...?

– Muitas pessoas acharam que sua avó Kennedy foi a culpada. Ela foi veementemente contra o casamento, sabe? Elas estavam hospedadas no grande hotel ao sul, naquele verão depois da guerra. Seu pai acabara de voltar. Ele se apaixonou à primeira vista. Não sei se o culpo. Sua mãe era a coisa mais linda que já vi, como uma delicada borboleta dourada. Era como se os cabelos dela resplandecessem.

Oh, Jane sabia muito bem! Ela podia ver o coque fulgurante de um dourado claro na base do pescoço alvo da mãe.

– E a risada dela era uma risada delicada, jovem e tilintante. Ela ainda ri desse jeito, Jane Stuart?

Jane não sabia o que responder. Mamãe ria bastante, de maneira delicada e borbulhante, mas jovem?

– Mamãe ri bastante – disse com cuidado.

– Ela foi muito mimada, é claro. Sempre teve tudo o que quis. E quando quis seu pai... bem, ela precisou tê-lo de um jeito ou de outro. Pela primeira vez na vida, creio, ela desejou algo que a mãe não podia lhe dar. A velha madame era totalmente contra. Sua mãe não foi capaz de enfrentá-la, por isso fugiu para ficar com ele. A velha senhora Kennedy voltou para Toronto encolerizada. Contudo, continuou escrevendo para sua mãe, mandando presentes e tentando convencê-la a visitá-la. A família de seu pai foi igualmente contra o casamento.

Ele poderia ter escolhido qualquer garota da Ilha. Uma em particular: Lilian Morrow. Ela era mais nova e mais magra na época, mas tornou-se uma mulher garbosa. Nunca se casou. Sua tia Irene a preferia. Eu sempre disse que aquela duas-caras da Irene causou mais problemas que sua avó. Aquela mulher é doce, porém venenosa. Mesmo quando era garota, dizia as coisas mais ultrajantes com as palavras mais açucaradas. No entanto, seu pai comia na mão dela. Ela sempre o mimou e papari-cou. Os homens são todos assim, Jane Stuart, cada um deles, espertos ou estúpidos. Ele achava que Irene era perfeita e jamais acreditaria que ela estava conspirando. Seus pais tinham seus altos e baixos, obviamente, mas era Irene que os instigava com aquela língua afiada e engenhosa. "Ela é só uma criança, Drew", quando ele queria acreditar que se casara com uma mulher. "Você é tão jovem, querida", quando sua mãe achava que jamais seria inteligente o bastante para ele. E a tratava com supe-rioridade; aquela lá seria condescendente até com Deus. E arrumava a casa no lugar dela. Não que sua mãe soubesse como fazer alguma coisa. Acho que este era um dos problemas: ela nunca aprendeu a tomar a li-derança ou a conspirar... Todavia, uma mulher não gosta que outra diga como as coisas devem ser no próprio lar. Eu a teria posto para correr. Infelizmente, sua mãe tinha muito pouca presença de espírito e não teve coragem de confrontar Irene.

É claro que mamãe não teve coragem de confrontar tia Irene... Mamãe não seria capaz de confrontar ninguém. Jane mordeu com toda força uma maçã suculenta.

– Eu sempre me pergunto – disse ela, mais para si mesma que para tia Em – se papai e mamãe seriam mais felizes se tivessem se casado com outras pessoas.

– Não, não seriam – disse tia Em no mesmo instante. – Eles nas-ceram um para o outro, independentemente do que os fez se separar. Não ouse pensar outra coisa, Jane Stuart. É claro que eles brigavam! Quem não briga? As discussões que tive com meu primeiro e segundo maridos! Se tivessem sido deixados em paz, provavelmente teriam se acertado cedo ou tarde. Por fim, quando você estava com três anos, sua mãe foi visitar a velha madame em Toronto e nunca mais voltou. É tudo que se sabe por aqui, Jane Stuart. Seu pai vendeu a casa e partiu em uma viagem ao redor do mundo. Pelo menos é o que dizem, embora eu não acredite que a Terra seja redonda. Se fosse, toda água cairia quando ela girasse, não é mesmo? Agora, vou pegar alguma coisa para você comer. Tenho presunto, beterrabas em conserva, e há groselhas no jardim.

Elas comeram o presunto e as beterrabas e foram até o jardim colher groselhas. O lugar era um pouco descuidado, inclinado para o sul, o que, de alguma forma, contribuía para seu encanto. Havia madressilvas sobre a cerca de madeira ("para atrair os beija-flores", explicou tia Em), alceias brancas e vermelhas em contraste com o verde-escuro de um abeto jovem, e uma profusão de lírios-tigres ao longo do caminho. Um dos cantos era repleto de flores cor-de-rosa.

– É gostoso aqui fora, não é mesmo? – disse tia Em. – O mundo é belo e maravilhoso... Oh, é um mundo realmente belo e maravilhoso. Você gosta da vida, Jane Stuart?

– Sim – respondeu Jane, de coração.

– Eu também. A vida é uma delícia. Gostaria de continuar vivendo para ouvir as notícias. Sempre adorei ouvir as notícias. Algum dia desses terei coragem suficiente para entrar em um carro. Nunca fiz isso, mas ainda farei. A senhora Big Donald contou que o sonho da vida dela é subir em um avião, só que aí já é demais para mim. E se o motor parar enquanto estiver lá em cima? Como vou descer? Bem, estou feliz por você ter vindo, Jane Stuart. Somos farinha do mesmo saco.

A pequena tia Em lhe deu um monte de amores-perfeitos e algumas sementes de gerânio antes de Jane ir embora.

– Estamos na lua certa para plantá-las – explicou. – Até logo, Jane Stuart. Que a prosperidade sempre a acompanhe.

Jane caminhou devagar para casa, refletindo sobre várias coisas. Amava estar sozinha à noite. E adorava as grandes nuvens brancas que ocasionalmente passavam diante das estrelas. Sempre que se sentia a sós com a noite, tinha a impressão de estar compartilhando algum segredo encantador com a escuridão.

Então a lua surgiu, uma lua imensa da cor do mel. Os campos foram tocados por sua luz. O arvoredo de pinheiros pontudos em uma colina ao leste parecia uma cidade mágica de campanários finos e compridos. Jane saltitava alegremente, cantarolando para si mesma, à medida que sua sombra negra corria à frente pela estrada enluarada. Ao fazer uma curva, deparou-se com algumas vacas. Uma delas, enorme, preta, dona de um olhar estranho, estava parada bem no meio da estrada. Jane sentiu um calafrio. Não se atreveria a passar por aquelas vacas... não conseguiria. O único jeito era pular a cerca do pasto de Big Donald e caminhar por ele até passar por elas. E foi o que Jane fez. Porém, no meio do caminho, parou de supetão.

"Como posso culpar mamãe por não enfrentar a vovó quando não consigo enfrentar algumas vacas?", pensou.

Ela se virou, refez os passos e pulou a cerca de volta para a estrada. As vacas ainda estavam lá. A de cara branca continuava no mesmo lugar. Jane cerrou os dentes e caminhou com olhar resoluto e destemido. A vaca não se moveu. Jane passou por ela, de cabeça erguida. Ao cruzar com a última vaca, ela virou-se para trás. Nenhuma prestou a menor atenção nela.

– E pensar que eu estava sentindo tanto medo de vocês – disse Jane com desdém.

E lá estava Lantern Hill e o porto iluminado pela lua, com sua risada prateada. A novilha vermelha dos Jimmy Johns estava no jardim, e Jane a espantou com valentia.

Papai escrevia fervorosamente quando ela entrou no escritório. Jane não o teria interrompido, mas se lembrou de que precisava lhe contar uma coisa.

JANE DE LANTERN HILL

– Papai, esqueci de contar que a casa pegou fogo nesta tarde.

Ele deixou a caneta cair e a encarou.

– Pegou fogo?

– Sim, por causa de uma fagulha que caiu no telhado. Subi e a apaguei com um balde d'água. Ela só fez um furo pequeno. Tio Tombstone logo o consertará. Os Snowbeams ficaramextremamente furiosos por terem perdido a cena.

Papai balançou a cabeça, admirado.

– Que menina! – comentou.

Jane, de consciência limpa e faminta depois da caminhada, comeu uma truta frita e foi para a cama.

CAPÍTULO 26

– Gosto de uma dose de animação uma vez por semana – dizia papai antes de deixarem um pouco de leite aos Pedros, subirem no carro velho com Happy e viajarem para o leste, para o oeste e aonde quer que a estrada os levasse. Essas excursões geralmente aconteciam às segundas-feiras. Cada dia tinha algum afazer específico em Lantern Hill. Às terças-feiras, Jane fazia remendos; às quartas, polia a prataria; às quintas, varria e tirava o pó do primeiro andar; às sextas, do segundo andar; e, aos sábados, esfregava o chão e preparava comida extra para os domingos, que era o dia de não fazer nada útil, como diria papai.

Foi assim que eles exploraram boa parte da Ilha, fazendo as refeições à beira da estrada quando tinham fome. "Como uma verdadeira dupla de ciganos", comentou tia Irene com menosprezo e um sorriso. Jane sabia que tia Irene a culpava pelo comportamento errante que o papai adotara ultimamente. Contudo, Jane estava começando a se defender contra tia Irene graças a uma filosofia que tomara para si com veemência. Tia Irene já percebera; todavia, ainda não conseguia definir o que estava acontecendo. Se conseguisse, diria que Jane a encarava e então, com serenidade e polidez, fechava as portas de sua alma na cara dela.

– Não consigo me aproximar dela, Andrew – reclamava. Papai ria.

– Jane gosta de espaço para respirar, assim como eu.

Eles não costumavam incluir Charlottetown nos passeios, mas no fim de agosto resolveram aplacar os ânimos de tia Irene ao jantar com ela. Outra senhora estava presente, uma tal de senhorita Morrow, com quem Jane não simpatizou muito, talvez porque seu sorriso fosse como o de uma propaganda de pasta de dente. Talvez porque papai parecia não gostar dela. Os dois conversaram e riram bastante. Ela era alta, morena e bonita, com olhos castanhos proeminentes. E tentava tanto ser gentil com Jane que chegava a ser doloroso.

– Seu pai e eu sempre fomos bons grandes amigos. Deveríamos ser amigas também!

– Ela é uma antiga namorada do seu pai – sussurrou tia Irene para Jane depois que a senhorita Morrow foi embora. Papai a acompanhou até o portão. – Se sua mãe não tivesse aparecido, quem sabe? Se bem que... Bem, não sei se um divórcio ianque seria válido na Ilha do Príncipe Edward.

Eles ficaram para ver um filme e já era tarde quando foram para casa. Não que isso importasse. Os Pedros não se incomodariam.

– Vamos embora pela estrada Mercer – disse papai. – É uma via secundária, sem muitas casas, mas ouvi dizer que é repleta de duendes. Talvez consigamos avistar um, saltando loucamente para longe dos faróis do carro. Fique atenta, Jane.

Com ou sem duendes, a estrada Mercer não era um lugar muito bom para um carro enguiçar. Ele morreu enquanto sacolejavam alegremente por uma colina escura cheia de pinheiros e abetos altos e não voltou mais a funcionar, pelo menos não antes de algum reparo decisivo ser feito em suas entranhas. Foi o que papai decidiu depois de muito cutucar e xeretar em vão.

– Estamos a dezesseis quilômetros de uma oficina e a dois da casa mais próxima, onde todos estão dormindo, Jane. Já passa da meia-noite. O que devemos fazer?

– Você não precisa me dizer quão doce sua mãe é, Jane. Na primeira vez em que a vi, tinha acabado de voltar da lama e de toda a sujeira obscena das trincheiras e achei que ela era uma criatura de outro mundo. Antes disso, não entendia completamente a Guerra de Troia. Foi quando compreendi que talvez Helena de Troia fosse digna de todo o confronto, se fosse como minha Robin dos cabelos dourados. E os olhos... Nem todos os olhos azuis são bonitos, mas os dela fazem você acreditar que não existe outra cor de olhos mais linda. Os cílios dela eram inacreditáveis. Ela usava um vestido verde na primeira vez em que a vi... Bem, se outra garota o estivesse usando, ele teria sido um mero vestido verde. Em Robin, era mágico, misterioso, a túnica de Titânia[26]. Eu teria beijado a barra dele.

– E ela se apaixonou por você, papai?

– Mais ou menos. Sim, ela deve ter me amado por um tempo. Nós fugimos, sabe? A mãe dela me detestava. Creio que ela não teria gostado de nenhum homem que tirasse Robin dela... Além disso, eu era pobre e um zé-ninguém, de maneira que não teria tido a menor chance. Era uma noite de luar quando propus a Robin que fugíssemos. O bom e venho encanto do luar não falhou. Nunca confie em si mesma em uma noite de luar, Jane Superior. Se dependesse de mim, todo mundo ficaria trancado em casa nas noites de luar. Fomos morar em Harbour Head, onde fomos felizes... Ora, todo dia eu encontrava um sinônimo novo para o amor. Eu me descobri um poeta... Sim, fomos muito felizes naquele primeiro ano. Sempre terei essa lembrança... Nem os próprios deuses a arrancarão de MIM.

– E então – disse Jane com amargura – eu cheguei... E nenhum de vocês me queria... E não conseguiram mais ser felizes.

– Nunca permita que alguém lhe diga isso, Jane. Admito que não esperava ter filhos... Eu estava tão feliz que não queria mais ninguém.

---

26 Rainha das fadas em *Sonho de uma noite de verão*, de William Shakespeare (1564-1616). (N. T.)

Jane de Lantern Hill

Mas me lembro de quando vi seus olhos se iluminar pela primeira vez ao me reconhecer em uma sala cheia de outros homens. Foi aí que percebi quanto a amava. Talvez sua mãe a amasse demais... Ela dava a impressão de não querer que ninguém mais a amasse. Era como se eu não tivesse o direito de ficar com minha própria filha. Ela se dedicava tanto a você que era como se não sobrasse tempo ou afeto para mim. Se você espirrasse, ela decidia que se tratava de pneumonia e que eu era insensível por não me desesperar. Acho que não gostava nem que eu a segurasse, por medo de que eu a derrubasse. Oh, bem, nem tudo girava em torno de você. Suponho que naquela época ela já havia se dado conta de que não se casara com o herói mítico que imaginara, e sim com um sujeito muito comum. Tínhamos tantos problemas... Eu era pobre, e dependíamos do pouco que eu ganhava para viver. E não aceitaria que minha mulher vivesse do dinheiro que a mãe enviara. Eu a obriguei a devolvê-lo. E digo que ela não se opôs; muito pelo contrário. Só que começamos a brigar por trivialidades... Oh, você sabe que tenho pavio curto, Jane. Lembro-me de que, uma vez, eu a mandei calar a boca... Todo marido faz isso pelo menos uma vez na vida. Não é de admirar que ela tenha ficado magoada... Se bem que se ressentia de muitas coisas que eu nem imaginava que a pudessem ferir. Talvez eu não entenda as mulheres, Jane.

– Não, você não entende – concordou Jane.

– Ah! Vejam só! – Papai parecia espantado e um pouco contrariado com a franqueza de Jane. – Bem, não vamos discutir. O fato é que ela também não me compreendia. Robin tinha ciúme do meu trabalho e achava que eu o considerava mais importante que ela. Sei que ficou contente, em segredo, quando meu livro foi rejeitado.

Jane lembrou-se de que mamãe achava que ele sentia ciúme da filha.

– Você não acha que tia Irene teve algo a ver com isso, papai?

– A Irene? Que absurdo! Irene era a melhor amiga dela. E sua mãe tinha ciúme do meu amor pela Irene. Ela não podia evitar... A mãe DELA é a criatura mais ciumenta que já viveu. É praticamente uma doença. Por fim, Robin foi visitar a mãe em Toronto e escreveu avisando que não voltaria mais.

– Oh, papai!

– Bem, suponho que sua avó a convenceu. No entanto, ela já não me amava mais. Eu sabia disso. E não queria ver o ódio crescer nos olhos onde eu já encontrara o amor. É algo terrível, Jane. Assim, decidi não responder à carta.

– Oh, papai... se você tivesse... se tivesse perguntado...

– Concordo com Emerson[27] quando diz que o preço mais alto que pagamos por alguma coisa é ter que implorar por ela. Alto demais, às vezes. Um ano depois, fraquejei... e escrevi pedindo que ela voltasse. Sabia que a culpa era tão minha quanto dela. Eu a provocara... Uma vez eu disse que seu rosto parecia o de um macaquinho... Bem, na época ele parecia, Jane... Juro. Não tive nenhuma resposta ao meu pedido. Então, resolvi desistir.

Uma dúvida surgiu na mente de Jane. Será que mamãe chegou a ver essa carta?

– As coisas estão melhores agora, Jane. Não fomos feitos um para o outro... Eu era dez anos mais velho que ela, e a guerra me tirara mais uma década de vida. Não podia bancar os luxos e a diversão pelos quais ela ansiava tanto. Ela foi muito... sábia... ao me deixar. Chega desse assunto, Jane. Eu só queria que você se inteirasse dos fatos. Prometa que não vai mencionar à sua mãe o que contei, Jane.

Jane prometeu com pesar. Havia tanta coisa que ela gostaria de dizer e não podia. Decerto não era justo com mamãe. Não obstante, ela disse com hesitação:

– Talvez... não seja tarde demais, papai.

– Não coloque caraminholas na cabeça, minha Jane. Sim, é tarde demais. Não vou pedir novamente que a filha da senhora Robert Kennedy volte para mim. Devemos saber lidar, da melhor maneira possível, com

---

27 Ralph Waldo Emerson (1803-1882), escritor estadunidense. (N. T.)

as coisas do jeito que são. Você e eu nos amamos, e eu me orgulho de ter lutado por isso.

Por um instante, Jane sentiu-se perfeitamente feliz. Papai a amava... Ela enfim tinha certeza.

– Oh, papai... Posso voltar no próximo verão? Em todos os verões? – perguntou, eufórica.

– Quer mesmo voltar, Jane?

– Sim – afirmou com eloquência.

– Bem, vamos providenciar isso. Afinal, se Robin pode ficar com você no inverno, posso ficar no verão. Ela não precisa guardar rancor. E você é uma ótima pessoa, Jane. Na verdade, acho que nós dois somos.

– Papai... – Jane tinha que perguntar e precisava ir direto ao ponto... – Você... ainda... ama a mamãe?

Houve um momento de silêncio no qual Jane estremeceu. Em seguida, ouviu papai dar de ombros sobre o feno.

– "A flor que uma vez desabrochou morre para sempre."[28]

Jane não considerou aquilo uma resposta, mas sabia que seria tudo que conseguiria.

Refletiu sobre tudo que ouvira antes de dormir. Então, papai não a chamara para passar o verão ali apenas para irritar mamãe. Porém, ele não a compreendia. Esse hábito de fazer provocações e comentários irreverentes... Jane gostava dele, mas talvez mamãe o tivesse interpretado mal, enquanto papai achava que ela o negligenciava em prol do bebê. E ele não conseguia enxergar as verdadeiras intenções de tia Irene. Será que foi por isso que mamãe chorava naquela noite, no escuro? Jane não suportava imaginá-la chorar no escuro.

Graças a papai e à tia Irene, ela descobrira muitas coisas, porém...

"Gostaria de ouvir o lado da mamãe dessa história", foi o último pensamento dela antes de adormecer.

---

28 Verso de um dos poemas presentes na coleção *Rubaiyat,* atribuídos ao persa Omar Caiam (1048-1131). (N. T.)

O brilho perolado da manhã surgia por trás das colinas a oeste quando ela despertou, ciente de algo que não sabia quando foi dormir. Papai ainda amava mamãe. Não restava dúvida na mente de Jane.

Como papai ainda dormia, ela e Happy desceram a escada e foram para fora. Com certeza, nunca existira um amanhecer mais lindo que aquele. O velho pasto ao redor do celeiro era o lugar mais silencioso em que já estivera, e sobre a grama entre os abetos jovens, que se transformavam em sabe-se lá o que durante a noite, havia fios diáfanos tecidos pelas fadas. Jane lavava o rosto no orvalho da manhã quando papai apareceu.

– É a essência da aventura ver a chegada de um novo dia, Jane. O que será que ele nos reserva? Hoje, um império pode cair, a pessoa que descobrirá a cura para o câncer pode nascer, um poema maravilhoso pode ser escrito.

– Nosso carro precisa ser consertado – lembrou Jane.

Eles caminharam quase dois quilômetros até uma casa e telefonaram para uma oficina. Pouco antes do meio-dia, o carro já estava funcionando de novo.

– Finalmente – disse papai.

Em casa, os Pedros os receberam, o golfo cantava, e Millicent Mary brincava adoravelmente no portão. Era um dia adorável de agosto; todavia, o campo de feno dos Jimmy Johns ganhava tons dourados, e setembro espreitava por trás das colinas, o que significava que ela teria de voltar para Toronto, para a avó e para St. Agatha, onde voltaria a se sentir deslocada, diferentemente do que acontecia ali na Ilha. Das noventa e cinco amanhãs, restava apenas um punhado. Jane suspirou... e então recobrou o ânimo. O que estava acontecendo? Ela amava mamãe e mal podia esperar para revê-la, entretanto...

– Quero ficar com papai – disse Jane.

CAPÍTULO 27

Agosto deu lugar a setembro. O grande pasto de Jimmy John, depois do lago, já estava em repouso para o verão. Jane gostava de olhar os sulcos vermelhos recém-abertos. E gostava do bando de gansos brancos da senhora Jimmy John nadando no lago. Por algum tempo, ela tivera um bando de cisnes brancos em um lago púrpura na lua, mas agora preferia os gansos. Dia após dia, os campos de trigo e aveia se tornavam mais dourados. Então, Pé de Metro secou o campo de trigo. Os Pedros ficaram tão gordos pegando os ratos que fugiram do campo que papai falou que teria de colocá-los em uma dieta rígida.

O verão terminou. Uma grande tempestade marcou seu fim, precedida por uma semana de clima peculiarmente moroso. Pé de Metro balançou a cabeça em reprovação e disse que algo estranho estava a caminho.

O clima se comportara bem o verão inteiro: dias de sol e dias de chuva amigáveis. Jane ouvira falar das tempestades na costa e queria ver uma. Seu desejo foi atendido com generosidade.

Certo dia, o golfo azul ganhou uma cor cinzenta carrancuda. Era possível ver as colinas com clareza, o que indicava chuva. O céu, ao norte, estava preto, e um vento cortante soprava.

– O tempo está ficando interessante... Não me culpe por isso – avisou Pé de Metro quando Jane falou que ia embora. O vento quase a carregou durante o trajeto para casa, e, se Lantern Hill não estivesse no caminho, ela provavelmente teria emulado o suposto feito da pequena tia Em e ido parar do outro lado do porto. O mundo parecia selvagem e hostil. As próprias árvores pareciam estranhas diante da tempestade que se aproximava.

– Feche bem as portas e as janelas, Jane – disse papai. – Nossa casa vai simplesmente rir do vento leste.

A tempestade durou dois dias. Naquela noite, o vento parecia completamente diferente. Soava como o rugido de uma fera selvagem. Durante dois dias, foi possível enxergar apenas a chuva cinzenta sobre o mar ainda mais cinzento e ouvir a música espantosa das ondas que arrebentavam contra as rochas contumazes da praia de Queen's Shore. Jane gostou dela assim que se acostumou. Algo dentro dela vibrava de emoção. E eles passaram aquelas noites selvagens aconchegados diante da lareira, enquanto a chuva açoitava a janela, o vento urrava e os trovões ribombavam sobre o golfo.

– Isso é sensacional demais, Jane – disse papai enquanto pitava o Velho Desprezível com um Pedro de cada lado. – A humanidade precisa do calor de uma fogueira. Esquentar-se no fogão dos outros é uma por demais vida gelada.

Em seguida, ele revelou que pretendia continuar morando em Lantern Hill.

Jane arfou de felicidade e alívio. Desde o início, ficara implícito que, quando Jane regressasse a Toronto, papai fecharia Lantern Hill e voltaria para a cidade no inverno, o que consequentemente a deixou preocupada. O que aconteceria com os gerânios nas janelas? Os Jimmy Johns já tinham muito com que se preocupar. Papai levaria Happy com ele, mas e os Pedros? E a casa em si? Era insuportável imaginar suas janelas apagadas. Ela ficaria tão sozinha, tão deserta...

JANE DE LANTERN HILL

– Oh, papai, fico tão feliz... Não suportaria imaginar que ela sente nossa falta. Mas... e quanto às suas refeições?

– Ah, eu sei fazer uma coisa ou outra.

– Antes de ir embora, vou ensinar você a fritar um bife e a cozinhar batatas – decidiu Jane. – Assim, não vai morrer de fome.

– Jane, você vai estragar seu marido... Sei que vai. De nada adiantaria tentar me ensinar a cozinhar. Lembre-se do nosso primeiro mingau. Aposto que os Jimmy Johns não me deixarão passar fome. Vou combinar de fazer uma refeição decente por dia na casa deles. Sim, continuarei aqui, Jane. Manterei o coração de Lantern Hill batendo para você. Aguarei os gerânios e me certificarei de que os Pedros não desenvolvam reumatismo nas patinhas. Porém, não consigo imaginar o que será deste lugar sem você.

– Você VAI sentir minha falta, não vai, papai? Diga que vai sentir pelo menos um pouco...

– Um pouco? Minha Jane às vezes é tão engraçada! O único lado positivo é que provavelmente trabalharei mais no meu épico sobre Matusalém. Não terei tantas interrupções. E poderei resmungar quanto quiser sem ser alvo de olhares de reprovação.

– Você só pode resmungar uma vez por dia. – Jane sorriu. – Ah, ainda bem que fiz um monte de geleias. A despensa está abastecida.

Foi na noite seguinte que papai lhe mostrou as cartas. Estava sentado diante da escrivaninha, com o Segundo Pedro roncando a seus pés, quando Jane entrou depois de lavar a louça. Estava com a cabeça apoiada nas mãos, e de repente Jane teve a sensação angustiante de que ele parecia velho e cansado. O gato com as manchas verdes e os olhos de diamante piscava para ele.

– Onde você conseguiu esse gato, papai?

– Foi presente da sua mãe, por causa de um gracejo antes de nos casarmos. Nós o avistamos na vitrine de uma loja e ficamos fascinados com sua estranheza. E aqui... aqui estão algumas cartas que escrevi para ela, Jane, em uma semana em que ela e a mãe foram para Halifax. Eu as encontrei agora, enquanto esvaziava a gaveta. Estava rindo de mim mesmo, o que é o tipo de risada mais amargo no mundo. Você também vai rir, Jane. Ouça... "Hoje tentei escrever um poema para você, Robin, todavia ainda não está pronto porque não encontrei palavras belas o bastante, da mesma forma que um noivo não considera nenhum vestido elegante o suficiente para dar de presente à sua noiva. As velhas palavras que os outros homens já usaram para celebrar seus amores parecem muito gastas e ordinárias para você. Quero palavras novinhas em folha, claras como cristal ou coloridas apenas pela luz. Não palavras maculadas pelos pensamentos de outros homens"... Eu não era um tolo sentimental, Jane? "Esta noite admirei a lua nova, Robin. Você disse que sempre assiste ao nascer da lua nova. Isso se tornou um elo entre nós desde então... Oh, como você é doce, magnânima, pueril e régia, metade santa e metade mulher... É tão bom fazer algo pela pessoa que amamos, mesmo que seja apenas abrir uma porta ou entregar-lhe um livro... Você é como uma rosa, minha Robin, como uma delicada rosa branca sob o luar".

"Imagino se algum dia serei comparada a uma rosa", pensou Jane. Parecia improvável. Ela não se achava parecida com flor alguma.

– Ela não se importava tanto com essas cartas a ponto de ficar com elas, Jane. Depois que Robin foi embora, eu as encontrei na gaveta da mesinha que eu havia lhe dado.

– Mas ela não sabia que não iria voltar, papai.

O Segundo Pedro rosnou como se tivesse sido empurrado.

– Será? Acho que sabia.

– Estou certa de que não. – Jane tinha certeza, apesar de não poder justificar sua convicção. – Pode deixar que as levarei para ela.

– Não! – Papai bateu a mão com tanta força sobre a mesa que fez uma careta de dor. – Vou queimá-las.

– Oh, não, não. – Por algum motivo, Jane não conseguiria viver sabendo que aquelas cartas foram queimadas. – Deixe-as comigo, papai.

Não as levarei para Toronto. Vou deixá-las na gaveta da minha escrivaninha... Por favor, não as queime.

– Muito bem! – Papai as empurrou na direção de Jane e pegou uma caneta, como se estivesse encerrando o assunto. Jane saiu de mansinho, olhando para trás. Como o amava... Amava até a sombra dele na parede, a sombra adorável e nítida. Como mamãe podia tê-lo abandonado?

A tempestade se dissipou naquela tarde com um pôr do sol carmesim intenso e um vento do norte ainda mais frenético, o vento de dias mais amenos. No dia seguinte, a praia ainda era um turbilhão de espuma, mas a chuva cessara, e o sol brilhava entre as nuvens pretas cujas sombras continuavam a passear pela areia. Os campos ficaram ensopados; o chão do pomar dos Jimmy Johns estava coberto de maçãs; o verão chegara ao fim. Pairava no ar uma sensação de mudança que prenunciava o outono.

CAPÍTULO 28

Os últimos dias foram uma mistura de felicidade e melancolia para Jane. Ela fez muitas coisas que amava e que só faria de novo no próximo verão, que demoraria centena de anos para chegar, pelo visto. Foi divertido. A princípio, ela não quis vir para a Ilha, e agora não queria ir embora. Faxinou a casa, lavou cada prato, poliu toda a prataria e esfregou a senhora Muffet e companhia até brilharem. Sentiu-se solitária e excluída quando ouviu os Jimmy Johns e os Snowbeams conversar sobre a colheita de arando em outubro e quando papai disse: "Gostaria que, daqui a duas semanas, você pudesse ver os bordos naquela colina de abetos". Ela percebeu que dali a duas semanas estaria a milhares de quilômetros... Bem, era simplesmente insuportável.

Tia Irene fez uma visita quando Jane limpava a casa furiosamente.

– Não está cansada de brincar de cuidar da casa, querida?

No entanto, o tom característico de tia Irene não a afetou.

– Vou voltar no próximo verão – disse Jane, triunfante.

Tia Irene suspirou.

– Seria ótimo... de certa forma. Mas muitas coisas podem acontecer em um ano. É um capricho de seu pai morar aqui, mas não sabemos quando ele mudará de ideia. Ainda assim, podemos sempre torcer pelo melhor, não é mesmo, querida?

O último dia chegou. Jane arrumou as malas, sem se esquecer de um pote muito especial de geleia de morango silvestre que levava para mamãe e das duas dúzias de maçãs que Polly Snowbeam dera a ela e a Jody. Polly sabia tudo sobre Jody e mandou lembranças.

Eles tiveram frango para o jantar. Os gêmeos Ella e George trouxeram as aves com os cumprimentos de Miranda, e Jane se perguntou quando teria outra chance de comer uma fatia de peito de frango. À tarde, foi até a praia se despedir. Mal suportou a solitude das ondas que chegavam até a areia. O som e o aroma do oceano não a queriam deixar partir. Ela sabia que os campos, as areias douradas e a brisa marítima faziam parte de sua alma. A Ilha e ela compreendiam uma à outra.

– Aqui é meu lugar – disse Jane.

– Volte logo. A Ilha do Príncipe Edward precisa de você – disse Timothy Salt, oferecendo um quarto de uma maçã na ponta da faca. – Você voltará – acrescentou. – A Ilha está no seu sangue. Ela tem esse efeito em algumas pessoas.

Jane e papai tinham em mente uma última noite tranquila juntos, mas, em vez disso, houve uma festa surpresa. Todos os amigos particulares de Jane estavam presentes, os antigos e os mais novos; até Mary Millicent, que ficara a noite toda sentada em um canto olhando para Jane, sem dizer nada. Pé de Metro veio, Timothy Salt, Min e a mãe dela, Ding-Dong Bell, os Big Donalds e os Little Donalds e pessoas de Corners que Jane nem sequer conhecia.

Todos trouxeram um presente de despedida para ela. Os Snowbeams fizeram uma vaquinha e compraram uma placa de gesso para ela pendurar no quarto, com a figura de Moisés e Arão com turbantes azuis e túnicas vermelhas. Jane podia imaginar a reação da avó! Tia Em não pôde vir e mandou avisar que guardaria algumas sementes de alceia para ela. Foi uma noite muito divertida, apesar de as meninas terem de quem se despediu com a angústia de todas as partidas que já haviam acontecido no mundo.

Jane observou a costa da Ilha se afastar até restar apenas uma fina linha azul no horizonte. Agora, teria de ser Victoria mais uma vez!

Ao passar pelos portões da estação de Toronto, ouviu uma risada que teria reconhecido em qualquer lugar. Não havia outra igual no mundo. E lá estava mamãe, com um lindo casaco de veludo carmesim e gola de pele sobre um vestido branco de *chiffon* com brilhantes bordados. Isso significava que mamãe jantaria fora e que a avó não permitira que ela cancelasse o compromisso para fazer companhia a Jane em sua primeira noite em casa. Com um perfume de violetas, mamãe a abraçava com força, rindo e chorando.

– Meu amor, minha garotinha. Você voltou para casa! Oh, querida, senti tanta saudade, senti tanto a sua falta!

Jane abraçou mamãe, linda como sempre, seus olhos azuis como sempre. Não obstante, Jane notou instantaneamente que estava um pouco mais magra que em junho.

– Está feliz por ter voltado, querida?

– Estou mais do que feliz por estar ao seu lado de novo, mamãe – disse Jane.– Estou exultante!

– Você cresceu, está uma moça... Veja, já está quase batendo no meu ombro... E que bronzeado lindo! Nunca mais a deixarei se afastar de mim, nunca mais, pode ter certeza.

Jane manteve-se em silêncio. Sentia-se curiosamente mudada e mais madura ao atravessar com a mãe a grande estação iluminada. Frank as aguardava com a limusine. Cruzaram as ruas apinhadas e movimentadas até chegarem à Rua da Alegria, que não estava nem um pouco apinhada ou movimentada. O som dos portões fechando-se atrás do carro foi como uma sentença de morte. Jane estava voltando para a prisão. A casa imensa e imponente fez o espírito dela estremecer. Mamãe foi para o jantar, e a avó e tia Gertrude lhe fariam companhia. Ela beijou o rosto pálido e magro da tia e o rosto enrugado da avó.

JANE DE LANTERN HILL

– Você cresceu, Victoria – disse a avó friamente. Ela não gostava que Jane a encarasse. E um breve vislumbre foi suficiente para perceber que a neta aprendera o que fazer com os braços e as pernas e estava se sentindo muito dona de si. – Não sorria com os lábios fechados, por favor. Nunca entendi o charme da *Mona Lisa*.

Elas jantaram. Eram seis da tarde. Em casa, eram sete. Papai estaria... Jane sentiu que não conseguiria comer nada.

– Você faria a grande gentileza de prestar atenção quando eu estiver falando, Victoria?

– Perdão, vovó.

– Perguntei que roupas usou nesse verão. Dei uma olhada em seu baú e as roupas que levou não parecem ter sido usadas.

– Só usei o vestido de linho verde – contou Jane. – Usei-o para ir à igreja e a uma festa do sorvete. Usava vestidos xadrez de algodão para ficar em casa. Cuidei dos afazeres domésticos para papai, sabe?

A avó levou o guardanapo delicadamente até os lábios. Era como se estivesse tentando tirar um sabor desagradável da boca.

– Não perguntei sobre suas atividades rurais. – Jane viu a avó olhar para as mãos dela. – É melhor esquecê-las.

– Mas vou voltar no verão que vem, vovó.

– Seja gentil e não me interrompa, Victoria. Você deve estar exausta depois da viagem, então sugiro que vá para a cama. Mary preparou um banho para você. Acredito que ficará feliz ao voltar a usar uma banheira de verdade.

E pensar que Jane teve o golfo inteiro à disposição como banheira durante todo o verão!

– Antes, preciso ver como Jody está – disse Jane e levantou-se da mesa. Não conseguiu desvencilhar-se rapidamente da liberdade recém-adquirida. Com os lábios franzidos, a avó a observou sair. Talvez estivesse percebendo que Jane jamais voltaria a ser a Victoria submissa e impressionável de antes. Ela crescera de corpo e alma.

Jane e Jody tiveram um reencontro arrebatador. Jody crescera também. Estava mais magra e alta e com o olhar mais triste que nunca.

– Ah, Jane, estou tão feliz por você ter voltado. Faz tanto tempo que não nos vemos!

– Também estou feliz por estar aqui, Jody. Receava que a senhorita West a tivesse mandado para um orfanato.

– Ela sempre diz que vai fazer isso... Acho que só não se decidiu ainda. Você gostou da Ilha, Jane?

– Amei – disse Jane, contente por haver pelo menos uma pessoa ali com quem podia conversar livremente sobre a Ilha e o pai.

Jane sentiu uma saudade terrível de casa enquanto subia as escadas acarpetadas e macias em direção ao quarto. Quem dera estivesse saltando os degraus pintados e descobertos de Lantern Hill! Seu antigo quarto continuava hostil. Ela correu e abriu a janela, mas não foi com as colinas estreladas e o luar que ela se deparou. Em vez disso, o clamor da Rua Bloor atacou seus ouvidos. As árvores altas e velhas do número 60 da Rua da Alegria eram bonitas, mas não eram as bétulas e os abetos que haviam se tornado seus amigos. Um vento tentava soprar do oeste. Jane sentiu pena dele. Será que passaria pela Ilha, pela noite negra, aveludada e adornada pelo brilho das estrelas e das luzes do porto? Jane inclinou-se sobre o parapeito e mandou um beijo para papai.

– E agora – comentou Jane com Victoria – só faltam nove meses.

CAPÍTULO 29

– Ela logo se esquecerá de Lantern Hill – disse a avó.

Mamãe não tinha tanta certeza. Percebera a mudança que havia ocorrido em Jane, assim como os demais. A família de tio David achou que ela "melhorara muito".

Tia Sylvia disse que agora Victoria conseguia entrar em um cômodo sem danificar a mobília. E Phyllis a tratou com um pouco menos de condescendência, embora tivesse muito que melhorar ainda.

– Ouvi dizer que você andava descalça por lá – comentou, curiosa.

– É claro – disse Jane. – Todas as crianças fazem isso no verão.

– Victoria tornou-se uma verdadeira moradora da Ilha do Príncipe Edward – disse a avó com um sorriso amargo, como se dissesse "Victoria tornou-se uma verdadeira selvagem". Ela aprendera um jeito novo de irritar Jane. Fazia pequenos comentários ácidos sobre a Ilha, tática que empregava impiedosamente. Sentia que Jane, de alguma maneira, escapara do alcance de seus poderes. A menina ainda ficava lívida na presença da avó, mas não se deixava abater.

Jane não fora a anfitriã de Lantern Hill e dama de companhia de intelecto aguçado e maduro o verão inteiro à toa. Um espírito novo espiava através de seus olhos cor de avelã, livre e independente, algo muito além da capacidade da avó de domar ou ferir. Era como se o veneno de suas ferroadas não surtisse mais efeito na nova Jane, exceto quando esnobava a Ilha. De certa forma, ela ainda estava morando na Ilha. Esse pensamento ajudou a aliviar a saudade intolerável nas duas primeiras semanas. Enquanto praticava música, ouvia o arrebentar das ondas em Queen's Shore; enquanto fazia as refeições, esperava papai e Happy entrarem depois de uma de suas longas caminhadas; quando estava sozinha na casa enorme e melancólica, os Pedros lhe faziam companhia... Quem poderia imaginar que uma dupla de gatos a milhares de quilômetros poderia ser tão reconfortante? Quando acordava no meio da noite e não conseguia dormir, ouvia todos os sons de sua terra natal. E, quando lia um capítulo da Bíblia para a avó e tia Gertrude, naquela sala horrível e imutável, lia-o para papai na velha Torre de Vigia.

– Gostaria de um pouco mais de RESPEITO durante a leitura da Bíblia, Victoria – disse a avó. Jane estava lendo uma antiga história de guerra do livro de Hebreus como papai teria lido, com entonação de triunfo na voz. A avó encarou-a com olhar vingativo. Estava claro que ler a Bíblia não era mais uma penitência para Jane. Ela parecia até estar gostando. E o que a avó poderia fazer?

Jane fez uma lista atrás do caderno de aritmética com todos os meses que ainda faltavam para o retorno à Ilha e sorriu ao riscar setembro.

Sentiu muita relutância antes de voltar à St. Agatha. Porém, em pouco tempo, descobriu-se, admirada, dizendo "Gosto da escola".

Ela sempre se sentira vagamente deslocada, excluída na St. Agatha. Agora, por algum motivo desconhecido, não tinha mais essa impressão. Era como se tivesse se transformado em uma camarada e líder do dia para a noite. A garotas da classe a admiravam. Os professores começaram a se perguntar por que nunca haviam reparado na criança admirável que era Jane Victoria. Ora, ela era simplesmente cheia de habilidades.

JANE DE LANTERN HILL

E os estudos não eram mais uma atribulação. Haviam se tornado um prazer. Ela queria estudar o máximo que podia para estar à altura de papai. Fantasmas da história, rainhas primorosas e desafortunadas, tiranos velhos e cruéis haviam ganhado vida; poemas que papai e ela tinham lido juntos estavam repletos de significados; as terras remotas por onde haviam passeado em devaneios eram lugares que ela conhecia e adorava. Era muito fácil aprender sobre elas. Jane não trouxe mais notas ruins para casa. Mamãe adorou, mas a avó não parecia muito satisfeita. Um dia, pegou uma carta que Jane estava escrevendo a Polly Jimmy John, deu uma lida rápida e a devolveu com desdém.

– *Phlox* não se escreve assim, Victoria. Mas suponho que isso não tenha importância para essa sua amiguinha.

Jane ficou vermelha. Sabia perfeitamente bem escrever *phlox*, mas havia tanto que contar a Polly, tanto que perguntar, tantas mensagens para mandar para as pessoas naquela Ilha tão querida e distante que ela acabou escrevendo depressa, sem pensar.

– Polly Garland é a melhor soletradora da escola de Lantern Corners – afirmou Jane.

– Oh, não tenho dúvida, absolutamente nenhuma, de que ela tem todas as virtudes de uma caipira – disse a avó.

O sarcasmo da avó não foi capaz de envenenar o prazer de Jane ao receber as cartas da Ilha. Eram mais frequentes que os periódicos. Havia sempre alguém escrevendo para ela em Lantern Hill, Hungry Cove ou Corners. Os Snowbeams enviavam cartas cheias de erros ortográficos e manchas de tinta, compostas de parágrafos desconexos. Tinham a habilidade de contar as coisas mais engraçadas, ilustradas surpreendentemente bem por pequenos desenhos feitos por Shingle nas margens. Jane sentia vontade de gargalhar com as cartas deles.

O ancião Tommy estava com caxumba. Imagine só, o ancião Tommy com caxumba... Shingle o retratou de maneira hilária. A carriola de Big Donald quebrou enquanto ele subia a colina de Little Donald, e todos

177

os nabos rolaram morro abaixo; ele ficou furioso! Os porcos tinham invadido o cemitério de Corners; a mãe de Min estava costurando uma colcha de seda... Jane imediatamente começou a guardar remendos para ela. O cachorro do Ding-Dong arrancou os fundilhos da segunda melhor calça de Andy Pearson, a geada matou as dálias, Pé de Metro estava com furúnculos, o outono fora repleto de funerais, a velha senhora Dougald MacKay morreu, e as pessoas disseram que ela parecia deslumbrante, o bebê dos Jimmy Johns finalmente deu uma risada, o vento derrubou a árvore grande na colina de Big Donald... Jane ficou chateada; adorava aquela árvore... "Sentimos muito a sua falta, Jane. Gostaríamos que estivesse aqui na noite de Halloween".

Jane também gostaria. Se ao menos pudesse voar em meio à escuridão sobre rios, montanhas e florestas, até a Ilha, por uma noite! Como iriam se divertir colocando nabos e abóboras iluminados nas cercas, e talvez até arrancando o portão de alguém do lugar.

– De que está rindo, querida? – perguntou mamãe.

– De uma carta lá de casa – respondeu Jane, sem pensar.

– Oh, Jane Victoria, aqui não é sua casa? – exclamou a mãe em tom lamurioso.

Jane se sentiu mal por ter dito aquilo. No entanto, precisava ser honesta. Seu lar! Uma casinha de frente para o oceano, uma gaivota branca, barcos indo e vindo, bosques de abetos, dunas enevoadas, o vento salgado e gélido que atravessava léguas de golfo, a tranquilidade, o silêncio. AQUELE era seu lar, o único que já conhecera. Porém, detestou magoar mamãe. Jane começara a sentir uma curiosa necessidade de protegê-la, como se, de alguma forma, ela precisasse de amparo. Ah, se ao menos pudesse conversar com mamãe, contar tudo sobre papai e descobrir a verdade... Como seria divertido ler aquelas cartas para mamãe! Ela as leu para Jody, que tinha tanto interesse no pessoal de Lantern Hill quanto a própria Jane. Ela começou a mandar mensagens para Polly, Shingle e Min.

JANE DE LANTERN HILL

Os elmos ao redor do número 60 começaram a ganhar um tom amarelado de ferrugem. Lá longe, folhas vermelhas caíam dos bordos, e as brumas outonais vinham do mar. Jane abriu o caderno e riscou outubro.

Novembro foi um mês escuro, seco e de muito vento. Jane teve um grande triunfo secreto em uma das semanas.

– Deixe-me preparar os croquetes para o almoço, Mary – implorou um dia. Mary consentiu com ceticismo, lembrando-se de que havia salada de frango suficiente na geladeira caso os croquetes dessem errado. Mas não deram. Os croquetes ficaram no ponto. Ninguém sabia quem os havia preparado de verdade, todavia Jane se divertiu vendo todos comê-los. A avó serviu-se duas vezes.

– Pelo que está parecendo, Mary aprendeu a fazer croquetes do jeito certo – comentou.

Jane usou uma papoula no vestido no Dia do Armistício, porque papai servira na guerra. Estava ávida por notícias dele, mas não queria perguntar aos outros correspondentes que tinha na Ilha. Eles não precisavam saber que papai e ela não trocavam cartas. Ainda assim, algumas informações sobre ele apareciam nas correspondências... uma frase ou duas. Jane vivia por elas. Levantava-se no meio da noite para reler as cartas em que apareciam. E todo sábado à tarde se trancava no quarto e escrevia uma carta para ele, que, em seguida, era selada e guardada no baú. Jane as levaria no próximo verão, para que papai as lesse enquanto ela lia o diário dele. Ela criou um pequeno ritual de arrumar-se para escrever a papai. Era um deleite escrever para ele, que estava tão longe e tão perto, enquanto o vento uivava lá fora, contando tudo que fizera durante a semana e todas as pequenas intimidades que amava.

Os primeiros flocos de neve caíram em uma tarde, enquanto ela escrevia, grandes como borboletas. Será que estaria nevando na Ilha? Jane caçou o jornal da manhã para saber qual era a previsão do tempo na costa. Sim... tempo frio, com pancadas de neve, noite fria e sem nuvens. Fechou os olhos e viu. Flocos macios caindo sobre a paisagem cinza e os abetos escuros, sobre seu pequeno, belo e mágico jardim, dentro do ninho vazio de tordo que Shingle e ela haviam descoberto, sobre o mar escuro ao redor da terra branca. "Noite fria e clara". Estrelas cintilando friamente em anoiteceres ainda mais gelados, sobre os campos silenciosos cobertos por uma fina camada de neve. Será que papai se lembraria de deixar os Pedros entrar em casa?

Jane riscou novembro.

CAPÍTULO 30

O Natal nunca significou muito para Jane. Eles sempre faziam as mesmas coisas. Não havia árvore, meias penduradas na chaminé, tampouco celebração matinal no número 60, pois assim decretara a avó. Ela dizia que gostava de uma manhã tranquila antes de ir à missa, ainda que, por algum motivo particular, sempre fosse sozinha naquele dia. Então, elas almoçavam na casa de tio William ou de tio David, e à noite havia um grande jantar no número 60 da Rua da Alegria, com a troca de presentes. Frequentemente, Jane ganhava muitas coisas que não queria e uma ou duas que lhe interessava. Mamãe sempre parecia um pouco mais alegre que de costume no dia de Natal... alegre até demais, como se tivesse medo de se lembrar de alguma coisa se parasse de sorrir por um instante, sentia Jane com sua nova sabedoria.

Mas o Natal daquele ano tinha significado novo e sutil para Jane. Ela foi uma das atrações principais do festival da St. Agatha e recitou outro poema de época com maestria, pois o declamou a uma plateia que estava a milhares de quilômetros de distância e não deu a mínima para o olhar de reprovação e os lábios franzidos da avó. A última apresentação foi um quadro vivo com quatro garotas representando os espíritos das quatro estações ajoelhados ao redor do espírito de Natal. Jane foi o espírito do outono, com folhas de bordo nos cabelos avermelhados.

– Sua neta será uma moça muito bonita – disse uma mulher para a avó. – Ela não se parece com a adorável mãe, é claro, mas o rosto dela tem algo muito marcante.

– A beleza está nos olhos de quem vê – disse a avó em tom que deixava implícito que, a julgar por esse padrão, Jane não tinha a menor chance de ser considerada bonita. Todavia, Jane não ouviu o comentário e não teria se importado se tivesse ouvido. Ela se lembrava do que papai dissera sobre os ossos dela.

Jane não podia enviar presentes para a Ilha; tampouco tinha dinheiro para comprá-los. Nunca tivera mesada. Por isso, escreveu uma carta especial aos amigos. Eles enviaram pequenos presentes que lhe deram muito mais alegria que aqueles que ela ganhara em Toronto.

A mãe de Min lhe mandou um maço de segurelha.

– Ninguém aqui gosta de segurelha – disse a avó, querendo dizer que ela não gostava. – Preferimos sálvia.

– A senhora Jimmy John sempre usa segurelha nos recheios, assim como a mãe de Min e a senhora Big Donald – disse Jane.

– Oh, com certeza estamos ficando antiquados – comentou a avó. E, quando Jane abriu o pacote de goma de abeto que o Jovem John lhe mandara, a avó disse: – Ora, hoje as DAMAS mascam goma. No meu tempo não era assim.

Ela pegou o cartão que Ding-Dong mandara para Jane. Tinha a figura de um anjo azul e dourado, sob a qual havia escrito: "Ele se parece com você".

– Sempre ouvi dizer que o amor é cego – disse a avó. Ela com certeza era hábil em fazer qualquer um se sentir ridículo.

Mas não foi capaz de desdenhar do feixe de lenha trazido pelo mar que o velho Timothy Salt mandou para Jane. Ela deixou que a menina o queimasse na lareira na noite de Natal, e mamãe adorou as chamas

JANE DE LANTERN HILL

azuis, verdes e púrpura. Jane sonhava enquanto as admirava. Era uma noite muito fria, uma noite de geada e estrelas. Será que na Ilha também estava tão frio e será que os gerânios dela congelariam? Será que as janelas de Lantern Hill estavam adornadas por faixas grossas de neve? Como será que estava sendo o Natal de papai? Ela sabia que ele ia jantar na casa de tia Irene. Era o que dizia o bilhete que acompanhava o lindo suéter de tricô que ela enviara de presente. "Com alguns dos velhos amigos", acrescentou tia Irene.

Será que Lilian Morrow estava entre esses velhos amigos? Jane esperava que não. Havia sempre um medo soturno e indefinível no coração dela ao pensar em Lilian Morrow e na forma como ela chamava papai de "Drew".

Lantern Hill estaria vazia no Natal. Jane sentiu-se mal por causa disso. Papai levaria Happy, e os pobres Pedros ficariam sozinhos.

Jane passou por uma emoção no dia de Natal que ninguém ficou sabendo. Eles foram almoçar na casa de tio David, e havia um exemplar do *Saturday Evening* na biblioteca. Jane o agarrou na mesma hora. Será que aquela edição trazia alguma coisa de papai? Sim. Outro artigo de capa intitulado: "As consequências da Confederação para as províncias marítimas". Jane nada entendia do assunto, mas leu cada palavra com orgulho e prazer.

Então, surgiu o gato.

CAPÍTULO 31

Depois do jantar, todos foram para a sala de estar do número 60 da Rua da Alegria, que, mesmo com a lareira ardendo, parecia fria e austera. Frank entrou trazendo uma cesta.

– Isso acaba de chegar, senhora Kennedy.

A avó pegou a cesta e a abriu. Um magnífico gato persa branco revelou-se, piscando os olhos verde-claros com desprezo e desconfiança para todos. Mary e Frank haviam conversado sobre o gato na cozinha.

– O que aquela velha senhora está tramando? – disse Frank. – Achei que odiasse gatos e não quisesse que a senhorita Victoria tivesse um em hipótese nenhuma. E agora ela lhe deu um de presente que custou setenta e cinco dólares. Setenta e cinco dólares por um gato!

– O dinheiro não é problema – disse Mary. – E vou lhe contar o que ela está tramando. Cozinho há vinte anos para aquela velha senhora e aprendi a ler a mente dela. A senhorita Victoria ganhou um gato lá naquela Ilha. E a avó não quer ficar para trás. Ela não vai tolerar que Andrew Stuart permita que ela tenha gatos por lá, sendo que a menina não tem permissão para isso aqui. A velha senhora está tentando de tudo para fazer a senhorita Victoria esquecer aquela Ilha; foi por

JANE DE LANTERN HILL

isso que comprou o gato. Ela acredita que um persa de raça pura, que custa setenta e cinco dólares e parece o rei dos gatos, vai tomar o lugar daqueles bichanos comuns miseráveis. Veja os presentes que ela deu à senhorita Victoria. Como se dissesse: "Você não ganhará nada parecido de seu pai"! Ah, eu a conheço. Entretanto, se não estou enganada, ela finalmente encontrou um rival à altura. Ela está começando a perceber que não consegue mais intimidar a senhorita Victoria.

– Este é um presente de Natal para você, Victoria – disse a avó. – Deveria ter chegado na noite passada, mas houve algum imprevisto... alguém ficou doente.

Todos olharam para Jane como se esperassem que ela tivesse espasmos de alegria.

– Obrigada, vovó – disse Jane inexpressivamente.

Ela não gostava de gatos persas. Tia Minnie tinha um, de *pedigree*, cinza-azulado, e Jane nunca simpatizou com ele. Gatos persas eram muito traiçoeiros. Pareciam gordos e fofos, mas, quando ela os pegava no colo, na expectativa de um abraço gostoso, não havia nada além de ossos. Jane não tinha nada contra quem gostava deles.

– O nome dele é Bola de Neve – disse a avó.

Então, ela não podia sequer dar um nome ao próprio gato. Todavia, a avó esperava que ela gostasse dele, e foi o que Jane tentou heroicamente nos dias seguintes. O problema era que o gato não queria que gostassem dele. Nada era capaz de ganhar a confiança daqueles olhos verde-claros. Ele não queria ser acariciado ou mimado. Os Pedros eram gatos de colo, com olhos âmbar, e desde o início ela soube falar a língua deles. Porém, o Bola de Neve se recusava a compreender qualquer palavra que ela dizia.

– Achei... corrija-me se eu estiver enganada... que você gostasse de gatos – disse a avó.

– O Bola de Neve não gosta de mim – disse Jane.

185

– Oh! – exclamou a avó. – Bem, suponho que seu gosto por gatos esteja em pé de igualdade com seu gosto por amigos. E não acho que há algo que se possa fazer a respeito.

– Querida, você não PODERIA gostar do Bola de Neve um pouco mais? – implorou mamãe assim que ficaram a sós. – Só para agradar a sua avó. Não poderia fingir?

Jane não era muito boa em fingir. Cuidava do Bola de Neve religiosamente, escovando seu pelo todos os dias, verificando se tinha o tipo certo de comida em quantidade suficiente, evitando que saísse no frio e pegasse pneumonia, mesmo não se importando se pegasse. Ela preferia felinos que saíam por aí por conta própria, que depois apareciam suplicando para entrar em casa, onde havia uma almofada quentinha e um pires com creme. O Bola de Neve dava por garantida toda a atenção que recebia de Jane, desfilando pelo número 60 da Rua da Alegria com o rabo plumoso, e era venerado pelas visitas.

– Pobre Bola de Neve – disse a avó ironicamente.

Nesse momento infeliz, Jane riu. Não conseguiu se segurar.

A última coisa de que Bola de Neve precisava era de piedade. Sentado no braço do sofá Chesterfield como um monarca vigiando seu reino, ele parecia bastante satisfeito.

– Gosto de gatos que eu possa abraçar – disse Jane.

– Você se esqueceu de que está falando comigo, e não com Jody – disse a avó.

Depois de três semanas, Bola de Neve desapareceu. Por sorte Jane estava na escola, do contrário a avó teria suspeitado de que ela estava por trás do sumiço. Mary, a única presente na casa, deixara a porta da frente aberta por alguns instantes. Bola de Neve aparentemente saiu e perdeu-se na quarta dimensão. Os panfletos do animal perdido foram em vão.

– Ele foi roubado – disse Frank. – É nisso que dá ter gatos caros.

– Bem, ele foi mais mimado que um bebê – disse Mary. – E acho que a senhorita Victoria também não está de coração partido. Ela ainda sente falta dos Pedros. Não vai mudar de ideia, e é melhor a velha senhora enfiar isso na cabeça de uma vez por todas.

Jane não conseguiu fingir luto por muito tempo, e a avó ficou furiosa. Resmungou sobre isso por dias, deixando Jane muito desconfortável. Talvez tivesse sido ingrata, talvez devesse ter se esforçado mais para gostar de Bola de Neve. De qualquer maneira, na noite em que o grande gato persa se materializou subitamente na esquina, em meio a um redemoinho de neve, enquanto Jane e a mãe esperavam pelo bonde na Rua Boor, e esfregou-se nas pernas dela entre miados roucos e frenéticos, Jane deu um grito de felicidade genuína.

– Mamãe... mamãe... é o Bola de Neve!

O fato de mamãe e ela estarem paradas na esquina esperando pelo bonde em uma noite tempestuosa de janeiro já era inédito. Havia um evento na St. Agatha naquela noite. As garotas do último ano haviam montado uma peça, e mamãe fora convidada. Frank estava com gripe, e elas tiveram que ir de carona com a senhora Austen. Só que no meio da peça ela foi chamada às pressas para casa, por causa de uma emergência familiar, e mamãe disse: "Não se preocupe conosco. Jane e eu podemos perfeitamente voltar para casa de bonde".

Jane adorava andar de bonde, e foi duas vezes mais divertido na companhia de mamãe. As duas quase nunca passavam um tempo juntas. E, quando isso acontecia, mamãe era uma excelente companhia. Ela via o lado engraçado de tudo, e os olhos dela riam para a filha quando uma piada lhe surgia à mente. Jane ficou triste ao descerem na Rua Boor, pois estavam relativamente perto de casa.

– Querida, esse não pode ser o Bola de Neve – alegou a mãe. – Esse gato é parecido com ele, admito, mas estamos a quase dois quilômetros de casa.

– Frank disse que ele provavelmente foi roubado, mamãe. Só pode ser o Bola de Neve... Um gato desconhecido não se enroscaria nas minhas pernas desse jeito.

– Nem o Bola de Neve – riu a mãe.

– Acho que ele está feliz em ver um rosto conhecido – disse Jane. – Não sabemos como o trataram. Ele parece terrivelmente magro. Temos que levá-lo para casa.

– Um gato de rua.

– Não podemos deixá-lo aqui. Vou pegá-lo... Ele vai se comportar.

Bola de Neve ficou quieto por alguns momentos depois que entraram no bonde. Não havia muitas pessoas. Três garotos no fundo riram de Jane ao sentar-se com o gato no colo. Uma criança rechonchuda se afastou dela, amedrontada. Uma pessoa com o rosto espinhento franziu o cenho, como se se sentisse pessoalmente insultada pela visão de um gato persa.

De repente, Bola de Neve enlouqueceu. Quando Jane se descuidou e relaxou os braços, ele saltou e correu pelo vagão, chocando-se contra os assentos e as janelas. As mulheres gritaram. A criança rechonchuda começou a pular e a gritar. O sujeito de rosto espinhento teve o chapéu derrubado pelo felino e esbravejou. O condutor abriu a porta.

– Não o deixe escapar – gritou Jane, esbaforida, enquanto perseguia o animal. – Feche a porta... depressa... Esse é o meu gato perdido, e estou tentando levá-lo para casa.

– Então é melhor segurá-lo – disse o condutor com brusquidão.

"É melhor que ficar na rua", deve ter pensando Bola de Neve, pois ele permitiu que Jane o segurasse. Os garotos zombaram dela enquanto a menina voltava para o lugar, sem olhar para os lados. Ela esbarrara na alça do assento e arranhara o nariz; um botão se soltara em um dos sapatinhos. Porém, Jane saiu vitoriosa, assim como Victoria.

– Oh, querida... – disse a mãe enquanto se contorcia de tanto rir... rir de verdade. Ela nunca vira mamãe gargalhar daquele jeito. Se a avó a visse!

– Esse é um animal perigoso – avisou o homem com espinhas.

Jane olhou para os meninos. Eles faziam caretas irresistivelmente cômicas para ela, que devolvia na mesma moeda. Ela sentiu uma afeição

JANE DE LANTERN HILL

inédita por Bola de Neve. No entanto, só voltou a relaxar os braços depois que ouviu a porta do número 60 da Rua da Alegria fechar-se.

– Encontramos Bola de Neve – anunciou Jane, triunfante. – Nós o trouxemos para casa.

– Esse não é o Bola de Neve – disse a avó. – Essa é uma fêmea.

A julgar pelo tom da avó, havia algo detestável nos gatos fêmeas.

O dono do gato foi descoberto através de outro panfleto, e nenhum outro persa apareceu no número 60. Jane riscou dezembro da lista, e janeiro passou voando.

As notícias de Lantern Hill eram fascinantes. Todos patinavam no lago ou na lagoa ladeada de árvores depois de Corners; Shingle Snowbeam foi escolhida a rainha do concerto de Natal e ganhou uma coroa de latão; a esposa do novo ministro da igreja sabia tocar órgão; o bebê dos Jimmy Johns comera todas as flores do cacto da senhora Jimmy John; a senhora Little Donald serviu o peru no Natal... Jane lembrou-se com pesar do magnífico peru branco e seu monco vermelho-coral. Tio Tombstone abateu o porco da mãe de Min, que mandou um assado para papai; a mãe de Min arranjou outro para criar, um porquinho rosa que era a cara do ancião Tommy; o cachorro do senhor Spragg, que mora em Corners, arrancou um olho do cachorro do senhor Loney, que prometeu procurar as autoridades; a senhora Angus Scatterby, cujo marido falecera em outubro, não estava gostando da nova vida ("ser viúva não é tão divertido como eu esperava", foi o que supostamente dissera); Sherwood Morton entrou para o coral, e o conselho da igreja mandou reforçar o teto... Jane suspeitava de que a piada era de autoria do Pé de Metro. A colina de Big Donald era um ótimo lugar para deslizar de trenó; o pai dela agora tinha outro bicho de estimação, um cachorro gordo e branco chamado Bubbles; os gerânios dela floresciam lindamente... "E eu aqui, longe demais para admirá-los", pensou Jane com aperto no coração. William MacAllister brigou com Thomas Crowder porque Thomas disse que não gostava do bigode que o William teria se tivesse

189

um; eles tiveram um degelo argênteo... Jane podia imaginar os pendentes de gelo cintilando como joias, o esplendor sublime do bosque de bordos... Os caules que emergiam da crosta de neve do jardim eram como lanças de cristal; Pé de Metro estava tomando banhos de lama... Por que diabos estava fazendo isso? Ela precisava descobrir no próximo verão. O vento arrancara o teto do chiqueiro do senhor Snowbeam... "Se ele tivesse pregado a viga principal como o aconselhei no verão passado, isso não teria acontecido", pensou Jane com virtuosismo. Bob Woods tropeçara no cachorro e agora estava com a coluna travada... Era Bob ou o cachorro que estava com a coluna travada? Caraway Snowbeam teve que tirar as amígdalas e agora estava se gabando por causa disso; Jabez Gibbs colocou uma armadilha para gambás e acabou pegando o próprio gato; tio Tombstone deu um jantar para os amigos com muitas ostras; algumas pessoas diziam que a senhora Alec Carson, de Corners, tinha um novo bebê, outras diziam que não.

O que o número 60 da Rua da Alegria tinha a oferecer em comparação àquelas notícias cheias de vida e sabor? Jane riscou janeiro.

Fevereiro foi um mês chuvoso. Jane passou várias noites debruçada sobre catálogos de sementes ouvindo o vento uivar ao longo da Rua da Alegria, escolhendo o que papai plantaria para ela na primavera. Amava ler as descrições dos vegetais e imaginar os canteiros em Lantern Hill. Copiou todas as melhores receitas de Mary para prepará-las, no próximo verão, a papai, que provavelmente estava naquele exato momento sentado diante da lareira aconchegante com dois cachorros alegres deitados a seus pés, enquanto lá fora o vento e a neve castigavam a noite. Jane riscou fevereiro.

CAPÍTULO 32

Ao riscar março, Jane sussurrou: "Só faltam dois meses e meio". A vida seguia em frente, como sempre, no número 60 da Rua da Alegria e na St. Agatha. A Páscoa chegou, e tia Gertrude, que se recusou a colocar açúcar no chá durante toda a Quaresma, voltou a usá-lo. Vovó comprava as mais adoráveis roupas de primavera para mamãe, que parecia indiferente a elas. E Jane estava começando a ouvir o chamado de sua Ilha durante a noite.

Em uma manhã de muita chuva, no fim de abril, uma carta chegou. Jane, que aguardava por ela havia semanas e estava começando a se sentir um pouco preocupada, levou-a para a mãe com o sorriso de quem recebera ótimas notícias de sua terra natal depois de um longo período de ostracismo.

Ao vê-la, mamãe foi empalidecendo, até o ponto em que achei que ela fosse desmaiar. A avó, ao contrário, ficou ruborizada.

– Outra carta de Andrew Stuart? – disse a avó, como se aquele nome queimasse seus lábios.

– Sim – respondeu mamãe debilmente. – Ele diz que estará à espera de Jane Victoria neste verão, se ela quiser ir para lá. A decisão é dela.

– Então ela não vai – disse a avó.

– É claro que você não vai, não é mesmo, querida?

– Não ir? Preciso ir! Prometi que voltaria – exclamou Jane.

– Seu... seu pai não vai cobrá-la. Ele deixou claro que você pode fazer o que bem entender.

– Eu QUERO voltar – disse Jane. – E vou voltar.

– Querida, não vá – implorou a mãe. – Você acabou se afastando de mim no verão passado. Se for para lá de novo, eu a perderei ainda mais.

Jane olhou para o tapete. Seus lábios formaram uma linha rija, semelhante aos da avó.

A avó tomou a carta da mão de mamãe, leu-a rapidamente e olhou firmemente para Jane.

– Victoria – disse, em um tom que só quem a conhecia consideraria agradável –, acho que não pensou direito no assunto. Não falo por mim mesma. Nunca esperei gratidão. Mas a vontade de sua mãe deveria ser levada em consideração. Victoria – a voz da avó tornou-se mais cortante –, por favor, faça a cortesia de olhar para mim quando eu estiver falando com você.

Jane encarou a avó e olhou dentro dos olhos dela, sem hesitar, sem ceder. Ela parecia estranhamente contida e continuou falando com amabilidade.

– Eu ainda não havia mencionado, Victoria, mas faz algum tempo que decidi levar você e sua mãe para uma viagem de férias à Inglaterra neste verão. Passaremos julho e agosto lá. Sei que você vai gostar. Creio que nem você hesitaria entre passar o verão na Inglaterra ou em um casebre, em um fim de mundo, como a Ilha do Príncipe Edward.

Jane não hesitou.

– Obrigada, vovó. É muita bondade oferecer-me uma viagem tão encantadora. Espero que você e mamãe se divirtam bastante. Eu, porém, prefiro ir para a Ilha.

Até a senhora Robert Kennedy sabia quando a derrota era inevitável. Mas não a aceitaria graciosamente.

– Essa teimosia veio de seu pai – disse, com o semblante retorcido pela raiva. Por um instante, pareceu uma mera velha irascível e encarquilhada. – Você fica cada dia mais parecida com ele... Até seu queixo é igual ao dele.

Jane ficou grata por ter herdado a determinação de alguém. Por se parecer com ele, por seu queixo ser semelhante ao dele. Todavia, desejou que mamãe não estivesse chorando.

– Não desperdice suas lágrimas, Robin – disse a avó, dando as costas a Jane. – É o sangue dos Stuarts falando mais alto. O que mais poderíamos esperar? Se ela prefere aqueles amigos desprezíveis a você, não há nada que se possa fazer. *Eu* já disse tudo que precisava dizer.

Mamãe levantou-se e secou delicadamente as lágrimas com um lenço diáfano.

– Muito bem, querida – disse, esforçando-se para soar animada. – Você tomou sua decisão. Concordo plenamente com a sua avó que o assunto está encerrado.

Ela saiu, deixando Jane com o coração estilhaçado. Mamãe nunca falara com ela com tanta brusquidão e fragilidade. Jane sentia como se tivesse sido empurrada para muito longe dela. Contudo, não se arrependeu da decisão. Jane não tinha escolha. Precisava voltar para papai. Se precisasse mesmo escolher entre ele e mamãe... Ela correu para o quarto, jogou-se no grande tapete branco de pele de urso e se contorceu em uma agonia sem lágrimas que nenhuma criança deveria sofrer.

Demorou uma semana para Jane sentir-se novamente ela mesma; depois da breve explosão de amargura, mamãe voltou a ser doce e amorosa como sempre fora. Quando entrou no quarto para dizer boa noite, abraçou Jane com força, em silêncio.

Jane a abraçou de volta.

– Tenho que ir, mamãe... preciso... mas eu AMO você.

– Oh, Jane, assim espero... Às vezes, é como se você estivesse tão distante de mim... para além de Sirius[29]. Nunca permita que alguém nos afaste. É tudo que peço.

– Ninguém jamais conseguiria... E ninguém quer, mamãe.

Ocorreu a Jane que aquilo não era estritamente verdade. Havia muito tempo ela sabia que a avó as afastaria sem pensar duas vezes, se pudesse. Jane também sabia que o "ninguém" da mamãe se referia a papai, de maneira que sua resposta foi verdadeira.

Uma carta da jubilosa Polly Garland chegou no último dia de abril.

"Estamos tão felizes que você vai voltar neste verão, Jane. Oh, gostaria que pudesse ver os salgueiros em nosso pântano!"

Jane também gostaria. E havia outras notícias fascinantes na carta de Polly. A mãe de Min ia arranjar uma vaca nova, já que a outra estava velha demais. Uma das galinhas da Polly botara nove ovos... Jane podia ver nove pintinhos animados correndo ao redor. Bem, papai lhe prometera algumas galinhas... Pé de Metro falou para Polly que a primavera estava tão próspera que até os galos estavam botando; o bebê fora batizado William Charles e estava engatinhando por toda parte e emagrecendo; o cachorro do Big Donald foi envenenado, teve seis convulsões, mas recuperou-se.

– Só mais seis semanas. – Semanas agora ocupavam o lugar dos meses. Em Lantern Hill, os tordos provavelmente pulavam de um lado para o outro ao redor do seu lar, enquanto uma névoa vinha do mar. Jane riscou abril.

---

29 Estrela mais brilhante no céu noturno visível a olho nu. (N. T.)

CAPÍTULO 33

Foi na última semana de maio que Jane viu a casa. Mamãe foi visitar uma amiga que acabara de se mudar para um novo conjunto residencial às margens do Rio Humber. Ela levara Jane. Foi uma revelação. As idas e vindas de Jane eram tão limitadas que ela jamais sonhara que um lugar tão bonito como aquele podia existir em Toronto. Era como uma linda vila do interior: colinas e ravinas com samambaias e columbinas silvestres, rios e árvores, o verde ardente dos salgueiros, as grandes copas dos carvalhos, as plumas dos pinheiros e, não muito longe, a névoa azul do Lago Ontário.

A senhora Townley morava em uma rua chamada Lakeside Gardens, e ela lhes mostrou a casa com orgulho. Era tão grande e esplêndida que não despertou muito interesse em Jane. Depois de um tempo, ela saiu de fininho para explorar a rua sob o entardecer, enquanto a senhora Townley e mamãe conversavam sobre armários e banheiros.

Jane decidiu que gostava de Lakeside Gardens. Gostava porque era cheia de curvas e esquinas. Era uma rua amigável. As casas não olhavam umas para as outras com o nariz empinado. Até as maiores não eram arrogantes. Eram rodeadas por jardins repletos de buquês-de-noiva, tulipas e narcisos e diziam: "Tempos muito espaço... não temos que nos acotovelar... podemos nos dar ao luxo de sermos graciosas".

Ela as observou com atenção enquanto caminhava, mas foi só quando chegou ao final da rua, onde começava uma estrada que levava até o lago, que Jane viu a casa DELA. Jane gostara de muitas das casas pelas quais passara; todavia, soube de imediato que aquela lhe pertencia ao avistá-la, assim como aconteceu em Lantern Hill.

Era pequena para os padrões de Lakeside Gardens, ainda que fosse bem maior que Lantern Hill. Era feita de pedras cinza e tinha janelas de batente, algumas de uma beleza inesperada, e telhas marrom-escuras. Ela ficava na borda da ravina, com vista para o topo das árvores e cinco grandes pinheiros atrás.

– Que lugar mais deslumbrante! – arfou Jane.

A casa era recém-construída e tinha uma placa de "Vende-se" no gramado. Jane andou ao redor dela e espiou através de cada painel em formato de diamante. Havia uma sala de estar que ganharia vida quando fosse mobiliada, uma sala de jantar que dava para um solário e uma copa adorável de paredes amarelo-claras, com armários embutidos. Deveria ganhar uma mesa e cadeiras amarelas, e cortinas para a janela embutida de tons dourados e esverdeados que lembrariam os raios de sol até nos dias mais sombrios.

Sim, aquela casa era dela... Jane conseguia imaginar-se ali, pendurando cortinas, polindo as portas de vidro, assando biscoitos na cozinha. Odiou a placa de "Vende-se". Pensar que alguém podia comprar aquela casa, a casa DELA, era torturante.

Jane deu outra volta ao redor dela. Nos fundos, o quintal ligava-se diretamente à ravina. Havia um jardim de pedras e um aglomerado de arbustos de forsítia, que deve ter se transformado em uma fonte dourada no início da primavera. Três lances de degraus de pedras levavam até o terraço, protegido delicadamente pelas sombras das árvores, e de um lado havia um jardim selvagem de jovens e esguios choupos-da--lombardia. Um tordo piscou para ela; um gato roliço veio do jardim vizinho. Jane tentou pegá-lo no colo, mas... "Com licença. Estou muito ocupado hoje", disse o felino antes de descer os degraus.

Jane finalmente sentou-se nos degraus da frente e entregou-se a um prazer secreto. Havia um vão entre as árvores do outro lado da rua por onde era possível avistar uma distante colina púrpura e acinzentada. Havia uma floresta verde-clara e brumosa do outro lado do rio. O bosque ao redor de Lantern Hill provavelmente estava do mesmo jeito. Além dos pinheiros, as luzes da cidade anunciavam o anoitecer. As gaivotas sobrevoavam o rio.

Conforme escurecia, luzes se acendiam dentro das casas. Jane sempre fora fascinada por casas iluminadas em meio à escuridão. Deveria haver uma luz na casa atrás dela. Ela deveria estar acendendo as luzes ali dentro. Poderia ser feliz ali. Poderia ser amiga do vento e da chuva e poderia amar o lago mesmo se ele não cintilasse ou estrondeasse como o golfo; poderia colocar nozes para os esquilos travessos, pendurar casinhas para os camaradas emplumados e alimentar os faisões que a senhora Townley dizia que viviam na ravina. De repente, uma lua dourada e fina surgiu acima dos carvalhos, e o mundo ficou em silêncio. Era quase como uma noite calma de verão em Queen's Shore. E havia uma fila de luzes brilhantes ao longo do lago, como um colar de gemas no colo de alguma beldade negra.

– Onde você estava, querida? – perguntou mamãe na volta para casa.

– Fui escolher uma casa para morar – respondeu Jane de modo bastante sonhador. – Gostaria que morássemos aqui em vez da Rua da Alegria, mamãe.

Mamãe ficou em silêncio por um instante.

– Você não gosta muito do número 60, não é mesmo, querida?

– Não – disse Jane. Então, para a própria surpresa: – E você?

Ela ficou ainda mais surpresa com a resposta imediata e veemente da mamãe:

– Detesto!

Naquela noite, Jane riscou maio. Faltavam dez dias apenas. Dias agora ocupavam o lugar das semanas. Ah, e se ela ficasse doente e não pudesse ir? Não! Deus não iria... Ele não podia!

CAPÍTULO 34

A avó disse friamente para mamãe comprar roupas para Jane, SE FOSSE NECESSÁRIO. Jane e mamãe tiveram uma tarde alegre de compras. Ela escolheu o que queria: peças adequadas para Lantern Hill e o verão na Ilha. Mamãe insistiu que ela levasse algumas blusas de tricô e um lindo vestido cor-de-rosa de organdi com babados delicados. Jane não sabia se chegaria a usá-lo, pois era muito pomposo para a pequena igreja de lá, mas deixou que a mãe o comprasse, só para agradar a ela. Mamãe também lhe comprou um traje de banho verde chiquérrimo.

"E pensar que daqui a uma semana estarei em Queen's Shore", refletiu Jane, contente. "Espero que a água não esteja fria demais para eu poder nadar."

– Estamos planejando ir para a Ilha em agosto – disse Phyllis. – Papai disse que faz muito tempo que não vai para lá e que seria um ótimo lugar para passar as férias. Ficaremos no Harbour Head Hotel, se for o caso, que não é muito longe de Queen's Shore. É bem provável que nos vejamos, não é?

Jane não sabia se gostava ou não da ideia. Não queria Phyllis ali, sendo condescendente com toda a Ilha, empinando o nariz para Lantern Hill, a prateleira sob a escada e os Snowbeams.

Jane viajou com os Randolphs nesse ano, e eles partiram no trem da manhã em vez de no trem da noite. Era um dia pardacento e nublado, todavia Jane estava tão feliz que irradiava alegria como se fossem raios de sol. A opinião da senhora Randolph foi o exato oposto da opinião da senhora Stanley. Ela achou que nunca conhecera uma criança mais charmosa, que julgava tudo interessante, que via beleza em todos os lugares, até mesmo nos trechos intermináveis de plantações em New Brunswick. Jane estudava o cronograma e saudava cada estação como se fosse uma amiga, em especial aquelas com nomes singulares e adoráveis: Red Pine, Bartibog, Memramcook. Em Sackville, eles deixaram a linha principal e embarcaram em uma linha menor para Cabo Tormentine. Como ela sentiu pena de quem não estava indo para a Ilha!

Cabo Tormentine, em seguida a balsa, onde ficou à procura dos penhascos vermelhos da Ilha, e lá estavam... Ela não se lembrava de como a cor deles era intensa. E acima deles as colinas verdes enevoadas. Estava chovendo de novo, mas quem se importava? A Ilha nada fazia de errado. Se queria que chovesse... ora, então Jane também queria.

Depois de deixarem Toronto no trem da manhã, eles chegaram a Charlottetown no meio da tarde. Assim que saiu do trem, Jane avistou papai, que sorriu e disse: "Com licença, você parece familiar. Por acaso você não é...". Jane o interrompeu ao jogar-se nos braços dele. Eles nunca haviam se separado... Ela não fora embora. O mundo era real mais uma vez. Ela era Jane mais uma vez.

Jane teve medo de que tia Irene estivesse ali também, possivelmente com a senhorita Lilian Morrow. Só que a tia estava em Boston e levara a senhorita Morrow. Jane desejou secretamente que a viagem da tia estivesse sendo tão boa que ela levaria bastante tempo para voltar.

– E o carro voltou a ficar sentimental – disse papai. – Tive de deixá-lo na oficina em Corners e pegar a charrete de Pé de Metro emprestada. Você se importa?

Importar-se? Jane estava encantada. Queria que a viagem até Lantern Hill fosse a mais lenta possível para sorver a paisagem. E gostava de estar perto de cavalos. Era possível conversar com um cavalo de maneira que jamais seria possível com um carro. Na verdade, se papai tivesse dito que eles teriam de caminhar até Lantern Hill, Jane não teria se incomodado.

Papai colocou as mãos fortes debaixo dos braços dela e a pôs no assento da charrete.

– Vamos continuar de onde paramos. Você cresceu desde o último verão, minha Jane.

– Dois centímetros e meio – disse Jane com orgulho.

Parou de chover. O sol estava saindo. Lá longe, as cristas brancas das ondas no porto riam e acenavam para ela.

– Vamos até a cidade comprar alguns presentes para nossa casa, Jane.

– Uma panela de banho-maria que não vaze, papai. A Booties vaza um pouco. E um espremedor de batatas... Podemos ter um espremedor de batatas, papai?

Papai achava que o orçamento não seria suficiente para comprar espremedor de batatas.

Foi tudo muito divertido. Contudo, Jane iluminou-se ao deixarem a cidade rumo ao lar e a todas as coisas que amavam.

– Vá mais devagar, papai. Não quero perder NADA.

Seus olhos se banqueteavam com a vista: colinas apinhadas de abetos, jardins belos ocultos aqui e ali, vislumbres do mar cintilante, rios azuis... Ela não se lembrava de que eles eram tão azuis assim. A primavera acabara mais cedo naquele ano, de forma que o espetáculo das flores já se encerrara. Isso a deixou chateada. Ela se perguntou se algum dia chegaria a tempo de ver a trilha de cerejeiras das senhoritas Titus.

Eles pararam para fazer uma visita à senhora Meade, que deu um beijo em Jane e disse que era uma pena o senhor Meade não poder descer para vê-la, porque estava com um "abismo" no ouvido. Ela lhes deu um embrulho com sanduíches de presunto e queijo para forrarem o estômago se ficassem com fome na estrada.

JANE DE LANTERN HILL

Eles ouviram o oceano antes de vê-lo. Jane amava aquele som. Parecia o chamado do espírito do mar. Então, sentiu os primeiros vestígios de sal no ar. Havia uma colina, em particular, onde eles sempre apareciam. E naquela mesma colina eles avistaram, pela primeira vez, Lantern Hill. Era maravilhoso ver o próprio lar de uma distância tão grande e saber que cada passo do cavalo a levava para cada vez mais perto dele.

Dali em diante, Jane já estava em casa. Era tão empolgante reconhecer todos os lugares pelo caminho, alamedas verdejantes, as velhas e queridas fazendas que a recebiam de braços abertos... A fileira de abetos ainda marchava colina acima na propriedade de Little Donald. As dunas, os barcos de pesca entrando no porto, o pequeno lago que sorria para ela... e Lantern Hill. Seu lar, depois do exílio!

Alguém (Jane descobriu, mais tarde, que foram os Snowbeams) havia escrito "bem-vinda" com pedras brancas na entrada. Happy os aguardava no jardim e quase comeu Jane viva. Bubbles, o novo cão gordo e branco, sentou-se em um canto e a observou; era tão fofo que Jane afeiçoou-se a ele imediatamente.

A primeira coisa a fazer foi visitar cada cômodo e ser recebida por eles. Nada mudara. Ela olhou cada canto da casa para ver se alguma coisa estava faltando. O soldadinho de bronze ainda montava seu cavalo de bronze, e o gato verde vigiava e protegia a escrivaninha de papai. Mas a prataria precisava ser polida, os gerânios tinham de ser podados. E quando foi a última vez que o chão da cozinha foi esfregado?

Havia um monte de pequenas surpresas, ótimas surpresas. Papai comprara seis galinhas, fizera um galinheiro pequeno perto do jardim, construíra uma cobertura pontiaguda sobre a porta de painéis de vidro e instalara um telefone.

Quando Jane desceu as escadas, o Primeiro Pedro estava sentado no degrau de pedra com um rato enorme na boca e uma expressão de muito orgulho de suas habilidades de caçador. Jane lançou-se sobre ele, com rato e tudo, e procurou pelo Segundo Pedro. Onde ele estava?

LUCY MAUD MONTGOMERY

Papai colocou o braço sobre os ombros dela.

– O Segundo Pedro morreu na semana passada, Jane. Não sei exatamente o que aconteceu... Ficou doente. Chamei o veterinário, mas ele não pôde fazer nada.

Jane sentiu as lágrimas se formar e as conteve.

– Eu... eu... não achei que alguma coisa que eu amasse pudesse morrer – sussurrou no ombro de papai.

– Ah, Jane... O amor não é capaz de deter a morte. Ele teve uma vida feliz e curta e está enterrado no jardim. Venha ver o jardim, Jane... As flores surgiram aos montes quando descobriam que você estava vindo.

Uma brisa atravessou o jardim assim que o adentraram, fazendo com que cada flor e arbusto acenasse para ela. Papai fizera uma horta em um canto, onde os vegetais estavam organizados em pequenas fileiras, e havia também novos canteiros de plantas anuais.

– Miranda comprou todas as sementes que você pediu... até as de escabiosa. Por que você quer essa planta, Jane? É um nome abominável... parece uma doença.

– Oh, as flores são lindas, papai. E há muitos outros nomes mais agradáveis para ela, como saudade e suspiros-roxos. Os amores-perfeitos não estão adoráveis? Estou muito feliz por tê-los plantado em agosto do ano passado.

– Você se parece com um amor-perfeito, Jane... aquela ali, vermelha e marrom, com os olhos dourados.

Jane lembrou-se de quando se perguntou se algum dia seria comparada a uma flor. Apesar da pequena pilha de pedras sob os lilases, que Jovem John colocara sobre o túmulo do Segundo Pedro, ela estava feliz. Tudo era esplêndido. Até o varal repleto de roupas da senhora Big Donald, agitando-se galantemente contra o céu azul no topo da colina, era muito charmoso. E lá na praia, depois da Torre de Vigia, as ondas arrebentavam na areia. Jane queria estar no meio daquele turbilhão. Porém, teria de esperar até o dia seguinte. Agora era hora de preparar o jantar.

Jane de Lantern Hill

"Que delícia estar em uma cozinha novamente", pensou Jane enquanto amarrava o avental.

– Que bom que minha cozinheira voltou! – disse papai. – Passei praticamente o inverno inteiro à base de bacalhau. Era a coisa mais fácil de preparar. Mas não nego que os vizinhos me ajudaram bastante. Eles me mandaram uma infinidade de pratos para o jantar.

Jane encontrou a despensa cheia. Uma salada de frango dos Jimmy Johns, uma lata de manteiga da senhora Big Donald, um pote de geleia da senhora Little Donald, um pouco de queijo da senhora Snowbeam, alguns rabanetes da mãe de Min e uma torta da senhora Bell.

– Ela disse que você é capaz de fazer tortas tão boas quanto as dela e mandou uma para comermos até você ter tempo de cozinhar. Ainda há um bom tanto de geleia e quase todas as conservas.

Jane e papai conversaram durante o jantar. Tinham um inverno inteiro para colocar em dia. Ele sentiu saudade dela? O que ele achava? Eles se tratavam com muito carinho e respeito. Jane viu a lua nova por cima do ombro, pela porta aberta. E papai levantou-se e deu corda no relógio. O tempo voltou a correr mais uma vez.

Os amigos de Jane foram visitá-la ao anoitecer, depois de lhe darem um tempo considerável com papai. Os morenos e rosados Jimmy John, os Snowbeams, Min e Ding-Dong. Todos estavam muito contentes em revê-la. Queen's Shore a guardara no coração. Era maravilhoso ser ALGUÉM de novo... Era maravilhoso poder rir o quanto quisesse sem que alguém se ressentisse... Era maravilhoso estar entre pessoas felizes outra vez. De repente, Jane se deu conta de que ninguém era feliz no número 60 da Rua da Alegria... exceto, talvez, Mary e Frank. A avó não era, tia Gertrude não era, mamãe não era.

Pé de Metro cochichou para ela que trouxera uma carriola cheia de esterco de ovelha para o jardim.

– Está perto do portão. Não há nada como esterco de ovelha bem curtido para as plantas.

Ding-Dong trouxe um gatinho para substituir o Segundo Pedro. Era uma coisinha minúscula que estava destinada a ser um felino preto magnífico com patas brancas. Jane e papai tentaram vários nomes e, antes de dormir, finalmente concordaram em chamá-lo de Lua, por causa da mancha branca e redonda que ele tinha entre as orelhas.

Ir para o próprio quarto, onde uma bétula jovem no sopé da colina quase esticava um braço pela janela, ouvir o som do mar à noite, acordar pela manhã e saber que ela passaria o dia inteiro com papai! Jane vestiu-se e desceu cantarolando para tomar o café da manhã.

A primeira coisa que fez após o desjejum foi correr com o vento até a praia e dar um mergulho exultante no mar agitado. Ela literalmente se jogou nos braços do oceano. E que tarde gostosa passou polindo a prataria e limpando as janelas! Tudo continuava como sempre fora, embora algumas mudanças superficiais tivessem ocorrido: Pé de Metro deixara a barba crescer por causa de um problema na garganta; Big Donald pintara a casa; os bezerros do ano passado haviam crescido; Little Donald estava deixando abetos crescer nas pastagens da colina. Era bom estar em casa.

– Timothy Salt vai trazer bacalhau no sábado que vem, papai.

CAPÍTULO 35

Tio David, tia Sylvia e Phyllis vieram em julho e se hospedaram no Harbour Head Hotel, mas ficaram apenas uma semana. Deixaram Phyllis em Lantern Hill, em uma tarde, enquanto visitavam amigos na cidade.

– Voltaremos para buscá-la por volta das nove – disse tia Sylvia, olhando horrorizada para Jane. Ela acabara de voltar de Queen's Creek, onde escrevera uma carta de amor para Joe Gautier enviar à namorada em Boston. Evidentemente, nenhuma tarefa a intimidava. Ainda vestia o macacão cáqui que usara para transportar feno até o celeiro de Jimmy John a manhã inteira. O macacão era velho e surrado, e uma grande mancha de tinta verde em certa parte da anatomia de Jane não ajudava. Ela pintara o velho banco do jardim e se sentara nele antes que a tinta secasse por completo.

Papai estava fora, de modo que não havia ninguém ali para inibir Phyllis, que fora mais condescendente que nunca.

– Seu jardim ATÉ que é bonitinho.

Phyllis podia jurar que Jane bufou. "Até que é bonitinho?" Quando todo mundo admitia que era o jardim mais lindo no distrito de Queen's

Shore, depois do jardim das senhoritas Titus. Será que Phyllis era incapaz de enxergar o esplendor daqueles nastúrcios, cuja beleza era única no condado? Ela não percebia que aquelas beterrabas diminutas e aquelas cenourinhas douradas estavam à frente de todas as outras na região? Será que não estava ciente de que as peônias cor-de-rosa de Jane, graças ao rico fertilizante das ovelhas de Pé de Metro, eram o assunto da comunidade? Não obstante, Jane já estava um pouco irritada naquele dia. Tia Irene e a senhorita Morrow haviam feito uma visita no dia anterior, e, como sempre, a tia fora doce e arrogante e conseguira tirar Jane do sério.

– Estou muito contente por seu pai ter instalado um telefone para você... Era o que eu esperava, depois da pequena sugestão que fiz.

– Nunca fiz questão de ter telefone – disse Jane, um tanto brusca.

– Oh, minha querida, eu acho você passa muito tempo sozinha aqui. Se algo acontecesse...

– O que poderia acontecer, tia Irene?

– A casa poderia pegar fogo.

– Ela pegou fogo no ano passado, e eu o apaguei.

– Você pode ter uma cãibra enquanto nada. Nunca achei que...

– Mas, se isso acontecer, não conseguiria nem sequer chegar ao telefone – replicou Jane.

– Se andarilhos aparecerem...

– Só apareceu um andarilho aqui neste verão, e Happy mordeu a perna dele. Senti-me tão mal pelo pobre homem... Passei iodo na ferida e lhe dei um pouco de comida.

– Querida, a última palavra tem SEMPRE que ser a sua, não é mesmo? Igualzinho à sua avó Kennedy.

Jane não gostou de ouvir que era parecida com a avó Kennedy. E gostou menos ainda quando papai e a senhorita Morrow foram caminhar sozinhos na praia depois do jantar. Tia Irene os observou com olhar especulativo.

JANE DE LANTERN HILL

– Eles têm tanto em comum... É uma pena...

Jane não perguntou o que era uma pena. Mas demorou para pegar no sono na noite passada e ainda não recobrara a compostura quando Phyllis chegou para menosprezar seu jardim. Porém, Jane tinha certas responsabilidades como anfitriã e não pretendia desapontar Lantern Hill, mesmo com a prima torcendo o nariz para as panelas dela. O almoço que preparou para Phyllis fez a donzela arregalar os olhos.

– Victoria... você não cozinhou tudo isso sozinha!

– Claro que cozinhei. Foi bem fácil.

Alguns dos Jimmy Johns e dos Snowbeams apareceram à tarde, e Phyllis, cuja complacência fora abalada pelo almoço, foi consideravelmente educada com eles. Todos foram dar um mergulho no mar, mas Phyllis ficou com medo das ondas e preferiu sentar-se à beira da praia, deixando que a espuma chegasse até ela, enquanto os outros se divertiam como sereias.

– Não sabia que nadava tão bem, Victoria.

– Você precisa me ver quando o mar está calmo – disse Jane.

Ainda assim, Jane ficou um tanto aliviada quando chegou a hora de tio David e tia Sylvia buscarem Phyllis. Foi quando o tio telefonou da cidade avisando que haviam se atrasado por causa de um problema com o carro e que provavelmente chegariam muito tarde. Será que o pessoal de Lantern Hill não poderia levar Phyllis até o hotel? Oh, sim, sim, garantiu Jane.

– Seu pai só poderá vir depois da meia-noite, então você terá que voltar a pé – Jane avisou a prima. – Vou acompanhá-la.

– Mas Harbour Head fica a quilômetros daqui – arfou Phyllis.

– São só dois quilômetros pelo atalho que cruza os campos. Eu o conheço bem.

– Está escuro.

– Bem, você não tem medo do escuro, tem?

Phyllis não respondeu. Olhou para o macacão de Jane.

207

– Você vai vestida ASSIM?

– Não, só visto isso quando estou em casa – explicou Jane pacientemente. – Passei a manhã carregando feno com o trator. O senhor Jimmy John teve que se ausentar, e Punch está com dor de garganta. Vou me trocar, e daqui a pouco partiremos.

Jane vestiu uma saia e um dos belos suéteres e penteou os cabelos avermelhados. As pessoas estavam começando a reparar no cabelo dela. Inclusive Phyllis. Eles eram realmente maravilhosos. O que será que acontecera com Victoria, que costumava ser tão estúpida? Aquela garota alta e esguia, que de alguma forma deixara de ser desajeitada, certamente não era estúpida. Phyllis suspirou; e com aquele suspiro sutil, embora nenhuma das duas tivesse percebido, seus papéis foram completamente invertidos. Phyllis, em vez de olhar Jane com desprezo, olhou para ela com admiração.

O ar fresco estava carregado de orvalho quando elas saíram de casa. O vento cruzava os vales escondidos nas sombras. O perfume das samambaias era pungente nas curvas das pastagens colina acima. A noite estava tão calma e silenciosa que era possível ouvir todos os tipos de sons distantes: um carro chacoalhando ao descer a colina do Velho Cooper, risadas abafadas vindas de Hungry Cove, uma coruja na colina de Big Donald chamando outra coruja na colina de Little Donald. Só que foi ficando cada vez mais escuro. Phyllis aproximou-se de Jane.

– Oh, Victoria, essa é a noite mais escura que já existiu!

– Não é para tanto. Já saí em noites mais escuras.

Jane não estava nem um pouco assustada, o que impressionou muito Phyllis. Jane podia sentir que ela estava espantada, que estava assustada, e começou a gostar de Phyllis.

Elas tiveram de pular uma cerca, e Phyllis caiu, rasgando o vestido e ralando o joelho. "Phyllis não é capaz nem de pular uma cerca", pensou Jane, mas de forma bondosa e protetora.

– Oh, o que é isso? – Phyllis agarrou-se em Jane.

– São apenas vacas.

– Oh, Victoria, morro de medo de vacas! Não vou conseguir passar por elas... NÃO CONSIGO... E se elas pensarem que...

– Quem se importa com o que pensam? – disse com altivez. Ela se esquecera de que já tivera medo de vacas e da opinião delas.

Phyllis começou a chorar. Naquele instante, Jane perdeu cada gota de antipatia por ela. A Phyllis esnobe e perfeita de Toronto era muito diferente da Phyllis aterrorizada em um pasto da Ilha.

Jane colocou o braço ao redor dela.

– Vamos, querida. As vacas não vão nem olhar para você. As vacas de Little Donald são todas amigas minhas. Só falta aquele trecho pelo bosque para chegarmos até o hotel.

– Você poderia... ficar entre mim... e as vacas? – soluçou Phyllis.

Phyllis, agarrando-se a Jane com força, passou em segurança pelas vacas. O trecho pelo bosque era terrivelmente escuro, todavia era curto, e ao final estavam as luzes do hotel.

– Pronto. Não vou entrar – disse Jane. – Tenho que voltar correndo e preparar a janta para papai. Gosto de estar em casa quando ele chega.

– Victoria! Você vai voltar SOZINHA?

– É claro. De que outra forma eu voltaria?

– Se você esperar, papai pode levá-la embora quando chegar.

Jane riu.

– Estarei em Lantern Hill em meia hora. E adoro caminhar.

– Victoria, você é a garota mais corajosa que já conheci na vida – disse Phyllis com sinceridade. Não havia nenhum traço de sarcasmo na voz dela. E nunca mais houve.

Jane divertiu-se bastante consigo mesma a caminho de casa. A noite querida a protegia. A maioria dos animais estava em seus ninhos e em suas tocas, mas ainda havia muita vida selvagem. Ela ouviu o regougo distante de uma raposa, o ruído de pés minúsculos na grama, viu o brilho pálido das mariposas e pediu conselhos às amigas estrelas. Elas parecia cantar; era como se uma estrela chamasse a outra em uma harmonia infinita. Jane conhecia todas. Papai lhe dera aulas de astronomia o verão todo, depois que descobriu que a única constelação que ela conhecia era a Ursa Maior.

– Isso não pode ficar assim, Jane. Você precisa conhecer as estrelas. Não que a culpe por não estar familiarizada com elas. A humanidade está alheia às estrelas nas grandes cidades. E o povo do interior está acostumado demais a elas para reparar em seus encantos. Emerson disse alguma coisa a respeito de como as estrelas seriam um espetáculo maravilhoso se as víssemos apenas uma vez a cada mil anos.

– Qual estrela deveríamos visitar nesta noite, Janelet? Antares... Fomalhaut... Sirius?

Jane adorou. Era maravilhoso sentar-se com papai nas colinas, em meio à escuridão e à solitude, enquanto os grandes corpos celestes cruzavam o céu em suas rotas. Polaris, Arcturus, Vega, Capella, Altair... Jane conhecia todas. Sabia onde encontrar Cassiopeia em seu trono cravejado de estrelas, a constelação de Sagitário a sudoeste, a grande águia cruzando a Via Láctea, a foice dourada que realizava a colheita no céu.

– Olhe para as estrelas quando estiver preocupada, Jane – disse papai. – Elas vão lhe dar apoio, consolo e equilíbrio. Acho que, se eu tivesse feito isso anos atrás... Mas aprendi essa lição tarde demais.

CAPÍTULO 36

– Tia Elmira está morrendo de novo – disse Ding-Dong de um jeito muito animado.

Jane estava ajudando Ding-Dong a trocar as telhas do pequeno celeiro do pai dele. E estava se saindo muito bem, além de toda diversão. Era muito gostoso ficar lá em cima, onde era possível ver toda a região coberta pelas nuvens alegres e ficar de olho no que os vizinhos faziam.

– Ela está de fato muito doente desta vez? – perguntou Jane, martelando diligentemente.

Jane sabia tudo sobre tia Elmira e suas quase-mortes. De tempos em tempos, ela ameaçava partir desta para melhor, o que se tornou um incômodo. Escolhia os momentos mais inconvenientes, sempre quando algo especial estava prestes a acontecer, e às vezes escapava por tão pouco que os Bells mal conseguiam respirar aliviados. Tia Elmira tinha, de fato, um sério problema no coração, e quem saberia dizer quando ia morrer de verdade?

– E os Bells não querem que ela morra – contou Pé de Metro a Jane. – Eles precisam da tia Elmira. A pensão dela morrerá com ela. Além disso, ela é útil para cuidar das coisas quando eles querem passear.

E não posso falar por eles, mas creio que também gostam dela. Elmira é uma boa companhia quando não está morrendo.

Jane sabia disso. Ela e tia Elmira eram excelentes amigas. Entretanto, ela nunca a vira no leito de morte. Tia Elmira ficava frágil demais para receber as pessoas nessas ocasiões, e os Bells não queriam arriscar. Jane, com sua costumeira percepção aguçada, tinha a própria opinião sobre as quase-mortes de tia Elmira. Não saberia expor em termos psicológicos, mas uma vez disse a papai que tia Elmira só estava tentando acertar as contas com algo que não compreendia o que era. Em vez de saber, ela sentia que tia Elmira adorava ser o centro das atenções e que, quanto mais velha ficava, menos os holofotes focavam sobre ela. Quase morrer era o único jeito de voltar ao centro do palco, mesmo que apenas por um momento. Não que tia Elmira tivesse ciência disso. Ela honestamente achava que estava morrendo e ficava muito angustiada. Tia Elmira não estava disposta a abrir mão desse negócio fascinante que é a vida.

– Ela está péssima – disse Ding-Dong. – Mamãe disse que nunca a viu tão mal. O doutor Abbott falou que ela perdeu a vontade de viver. Você sabe o que isso significa?

– Mais ou menos – admitiu Jane, com cuidado.

– Tentamos animá-la, mas está muito deprimida. Não quer comer nem tomar o remédio, e mamãe já não sabe mais o que fazer. Já tínhamos tudo planejado para o casamento de Brenda e agora não sabemos o que fazer.

– Faz tempo que ela não quase-morre – confortou Jane.

– Só que ela está de cama há semanas e disse todos os dias que aquele era o seu último. Tia Elmira já se despediu de mim sete vezes – contou Ding-Dong em tom reflexivo. – Agora, como faremos um grande casamento sabendo que a tia está morrendo? E Brenda quer um grande evento. Está entrando para a família Keyes e falou que é isso que eles esperam.

JANE DE LANTERN HILL

A senhora Bell convidou Jane para almoçar, e Jane aceitou porque papai estaria fora o dia todo. Ela observou Brenda arrumar uma bandeja para tia Elmira.

– Receio que ela não comerá nada – disse a senhora Bell em tom aflito. Ela era uma mulher de semblante afável e cansado, com olhos doces e apagados, que se preocupava demasiadamente com tudo. – Não sei de que ela vive. E está muito abatida. É por causa dos ataques, é claro. Ela diz que está cansada demais para tentar melhorar, coitadinha. É o coração, sabe? Todos nós tentamos mantê-la bem-disposta e nunca lhe contar algo preocupante. Brenda, lembre-se de não comentar que a vaca branca morreu engasgada nesta manhã. E, se ela perguntar o que o médico disse ontem à noite, diga que ele acha que ela melhorará logo. Meu pai dizia que sempre devemos contar a verdade aos doentes, mas precisamos manter tia Elmira animada.

Jane não se juntou a Ding-Dong assim que o jantar terminou. Ficou quietinha no primeiro andar até que Brenda desceu avisando que tia Elmira não conseguira tocar na comida, e saiu com a mãe para discutir a quantidade de lã que deveria ser enviada para cardar. Então, Jane subiu as escadas correndo.

Tia Elmira estava deitada na cama... Uma criatura encolhida e minúscula, com um emaranhado de cachos cinzentos ao redor do rosto enrugado. A bandeja estava sobre a mesa, intocada.

– Se não é Jane Stuart! – disse tia Elmira com voz fraca. – Fico feliz por alguém não ter se esquecido de mim. Veio me ver pela última vez?

Jane não a contradisse. Sentou-se em uma cadeira e olhou com tristeza para tia Elmira, que apontou com a mão ossuda para a bandeja.

– Não tenho um pingo de apetite, Jane. E não faz diferença... Ah, já não faz diferença. Sinto que eles se ressentem de cada garfada que como.

– Bem – disse Jane –, você sabe que os tempos estão difíceis e os preços lá nas alturas.

Tia Elmira não esperava por aquilo. Uma centelha acendeu-se em seus olhinhos âmbar peculiares.

– Contribuo com minha pensão – disse placidamente – e, antes disso, trabalhava duro para ganhar meu sustento. Ah, suponho que não tenho serventia nenhuma para eles agora, Jane. É o que acontece quando ficamos doentes.

– Sim, creio que é verdade – concordou Jane.

– Oh, sei muito bem que sou um fardo para todo mundo. Mas não serei por muito mais tempo. A morte se aproxima de mim, Jane. Sei disso, ainda que ninguém mais perceba.

– Acho que eles também sabem – disse Jane. – Estão se apressando para arrumar o telhado do celeiro antes do funeral.

A centelha nos olhos de tia Elmira tornou-se mais intensa.

– Eles já planejaram tudo, não é mesmo? – disse ela.

– Bem, ouvi o senhor Bell se perguntar onde cavaria a sepultura. Talvez estivesse se referindo à vaca branca. Ela morreu engasgada nesta manhã, sabe? Ele disse também que precisa pintar de branco o portão ao sul antes... de alguma coisa... Não ouvi essa parte.

– De branco? Que ideia! Aquele portão sempre foi vermelho. Bem, e por que eu deveria me importar? Nada disso é da minha conta, agora. Você deixa de se preocupar com as coisas quando começa a ouvir os passos da morte, Jane. E eles estão consertando o telhado do celeiro? Bem que ouvi marteladas. Aquele celeiro não precisa de telhado novo. Silas sempre tende a ser muito extravagante quando não há ninguém para impedi-lo.

– Eles só tiveram que pagar pelas telhas. A mão de obra não custará nada. Ding-Dong e eu estamos cuidando isso.

– Suponho que é por isso que está de macacão. Antigamente, eu não toleraria uma menina de macacão. Agora, que importância isso tem? Você só não deveria estar descalça, Jane. Pode acabar pisando em um prego enferrujado.

– É mais fácil andar sobre o teto descalça. E Little Sid pisou em um prego enferrujado ontem, mesmo estando de sapato.

– Eles não me contaram! E atrevo-me a dizer que deixarão aquela criança ter septicemia quando eu não estiver por perto para vigiá-lo. Ele também é o meu favorito. Ah, bem, agora não vai demorar muito... Eles sabem onde quero ser enterrada... mas poderiam ter esperado até eu morrer antes de começarem com essa conversa de túmulo.

– Oh, tenho certeza de que é para a vaca – disse Jane. – E estou certa de que organizarão um funeral adorável. Acho que papai escreveria um lindo obituário se você pedisse.

– Oh, tudo bem, tudo bem. Já chega. Só quero ser enterrada DEPOIS de morrer. Você comeu o suficiente no jantar? Nettie tem bom coração, mas não é a melhor cozinheira do mundo. Fui uma boa cozinheira. Ah, os pratos que eu preparava no meu tempo... os pratos que preparava!

Jane perdeu uma excelente oportunidade de garantir a tia Elmira que ela ainda prepararia muitas refeições.

– O jantar foi ótimo, tia Elmira, e nos divertimos bastante. Ding-Dong não parava de fazer discursos, e nós rimos e rimos!

– Eles riem enquanto estou aqui morrendo! – disse tia Elmira com amargura. – E depois pisam em ovos ao redor, fingindo terem pena de mim. O que foi todo aquele barulho de coisas sendo arrastadas que ouvi a manhã inteira?

– A senhora Bell e Brenda estavam mudando a mobília da sala de lugar. Suponho que a estejam preparando para o casamento.

– Casamento? Você disse casamento? De quem?

– Ora, o de Brenda. Ela vai se casar com Jim Keyes. Achei que você soubesse disso.

– Sabia que os dois iriam de fato se casar algum dia, mas não comigo no leito de morte. Quer dizer então que vão agir como se nada estivesse acontecendo comigo?

– Bem, você sabe que dá azar adiar um casamento. A festa não a incomodará, tia Elmira. Você estará aqui no último quarto, completamente sozinha...

Tia Elmira sentou-se na cama.

– Dê-me meus dentes – ordenou. – Estão sobre a mesinha. Vou comer meu almoço nem que isso me mate. Se eles acham que vão esconder um casamento de mim, estão muito enganados! Não me importo com o que o médico diz. Nunca acreditei que estivesse tão doente como ele faz parecer. O gado está morrendo, as crianças estão ficando doentes, e portões vermelhos estão sendo pintados de branco! É hora de dar uma lição neles!

CAPÍTULO 37

Até então, nada de espetacular acontecera na vida de Jane em Lantern Hill. Mesmo quando era vista descalça, pregando telhas no telhado de um celeiro, isso não causava nenhuma sensação, e ninguém além da senhorita Solomon Snowbeam comentava sobre o assunto. A senhora Snowbeam ficava chocada.

Não havia nada, dizia ela, que aquela menina não pudesse fazer.

Foi quando Jane foi parar nas manchetes. Os jornais de Charlottetown a colocaram na primeira página durante dois dias, e até os periódicos de Toronto reservaram uma coluna para a notícia, com uma foto de Jane e o leão... a de algum leão. O furor que isso deve ter causado no número 60 da Rua da Alegria! A avó ficou muito aborrecida... "Ela parece uma garota de circo"... e disse que era exatamente o tipo de coisa que se podia esperar dela.

Mamãe pensou, todavia não falou, que nunca imaginou que Jane fosse capaz de perambular pela Ilha do Príncipe Edward conduzindo leões pela juba.

Os rumores circulavam havia alguns dias. Um pequeno circo estava em Charlottetown e surgira um boato de que o leão deles escapara.

As pessoas que foram ao circo certamente viram o leão. Foi o maior frenesi. Certa vez, um macaco escapou de um circo, mas o que era isso comparado a um leão? Não era possível ter certeza de que alguém vira o leão à solta, mas houve muitos relatos aqui, ali e acolá, a quilômetros de distância. Bezerros e filhotes de porcos supostamente desapareceram. Surgiu até uma história de que uma senhora míope, em Royalty, fizera carinho nele e dissera: "Que cachorro bonzinho". Isso nunca foi comprovado. Indignado, o povo de Royalty negou que houvesse um leão solto por lá. Tais histórias eram ruins para o turismo.

– Quem dera eu pudesse vê-lo – lamentou a senhora Louisa Lyons. – É o que ganho por estar acamada. Perco todos os acontecimentos.

A senhora Louisa estava enferma havia três anos, e diziam que não conseguia firmar o pé no chão sem a ajuda de alguém; todavia, ninguém imaginava que sentisse falta do que acontecia em Corners, Queen's Shore e Harbour Head.

– Não acredito que haja um leão solto por aí – disse Jane, que foi fazer compras em Corners e passou para ver a senhora Lyons. A senhora Lyons gostava muito de Jane, e só havia uma coisa que a incomodava. Ela nunca conseguia arrancar nada sobre o pai dela e a senhorita Lilian Morrow. E não era por falta de tentativas.

– Aquela garota consegue ser uma ostra quando quer – reclamou, certa vez, a senhora Louisa.

– E como essa história começou? – ela exigiu saber de Jane.

– A maioria das pessoas acha que o circo nunca teve um leão... ou que o leão morreu... e que o circo tentou acobertar esse fato porque as pessoas que iam aos espetáculos para ver um leão ficariam desapontadas e bravas.

– Mas eles ofereceram uma recompensa por ele.

– Eles só ofereceram vinte e cinco dólares. Se realmente tivessem perdido um leão, teriam oferecido muito mais.

– Mas ele foi VISTO.

– Acho que as pessoas só estão imaginando que o viram – disse Jane.

– Nem consigo imaginar – murmurou a senhora Louisa. – E não tenho motivos para FINGIR que consigo. Todo mundo sabe que um leão não subiria as escadas até meu quarto. Se eu o visse, provavelmente meu nome sairia nos jornais. Martha Tolling saiu nos jornais duas vezes neste ano. Algumas pessoas são muito sortudas.

– Sabia que a irmã de Martha Tolling morreu em Summerside na semana passada?

– O que lhe falei? – disse a senhora Louisa em tom ofendido. – Agora ela vai ficar de luto. Nunca tive a chance de ficar de luto. Ninguém morre na minha família há anos. E sempre fiquei tão bem de preto! Ah, Jane, precisamos aceitar a vida como ela é, sempre disse isso. Obrigada pela visita. Sempre digo a Mattie: "Há algo em Jane Stuart que me faz gostar muito dela, diga o que quiser. Se o pai dela é meio esquisito, isso não é culpa dela". Cuidado com as escadas, Jane. Não as desço há mais de um ano, mas alguém ainda vai quebrar o pescoço nelas.

Aconteceu no dia seguinte, em uma tarde dourada de agosto em que Jane, Polly, Shingle, Caraway, Punch, Min, Ding-Dong, Penny e o Jovem John foram em bando colher mirtilos em Harbour Head e retornaram por um atalho que cruzava as pastagens das fazendas de Corners. Em um pequeno vale repleto de solidagos próximo ao velho celeiro de Martin Robbin, eles ficaram cara a cara com o leão.

Ele estava parado bem na frente deles, em meio aos solidagos, sob a sombra dos abetos. Por um instante, todos ficaram paralisados. Então, com um grito simultâneo de terror – Jane foi a que berrou mais alto –, eles largaram os baldes e correram para o celeiro. O leão andou vagarosamente na direção deles. Mais gritos. Não houve tempo de fechar a porta do celeiro em ruínas. Eles subiram às pressas uma escada oscilante, que se quebrou assim que o Jovem John se agarrou com os outros em segurança à viga mestra, esbaforido demais para gritar.

O leão parou na entrada e ficou por um momento sob o sol, jogando o rabo de um lado para o outro lentamente. Jane, ao recobrar a calma, notou que o animal era um tanto sarnento e magro, mas ainda intimidava parado na porta estreita. Ninguém poderia negar que se tratava de um leão.

– Ele está entrando – gemeu Ding-Dong.

– Leões sabem escalar? – arfou Shingle.

– Eu... eu... acho que não – disse Polly, batendo os dentes.

– Gatos sabem escalar... e leões não passam de gatos muito grandes – disse Punch.

– Oh, parem de falar – sussurrou Min. – Isso pode atiçá-lo. Talvez, se ficarmos perfeitamente quietos, ele vá embora.

O animal não parecia ter intenção nenhuma de ir embora. Ele entrou, olhou ao redor e deitou-se sob um facho de luz, com os ares de um leão que tinha todo o tempo do mundo.

– Ele não parece bravo – murmurou Ding-Dong.

– Talvez não esteja com fome – disse o Jovem John.

– Não o aticem – implorou Min.

– Ele não está dando a mínima atenção para a gente – rebateu Jane. – Não precisávamos ter corrido... Creio que não nos machucaria.

– Você correu tanto quanto nós – disse Penny Snowbeam. – Aposto que estava assustada como todo mundo.

– É claro que estava. Foi tudo tão de repente. Jovem John, pare de tremer. Você vai cair da viga.

– Eu... eu... estou com medo – murmurou ele sem se envergonhar.

– Você riu de mim ontem e disse que eu estava com medo de passar pelo canteiro de repolho – acusou Caraway. – Agora, olhe só para você.

– Não diga besteiras. Um leão não é um repolho – choramingou Jovem John.

– Oh, vocês VÃO irritá-lo! – lamuriou Min em desespero.

O leão bocejou de súbito. "Ora", pensou Jane, "ele é igualzinho àquele velho e alegre leão do cinema."

Jane fechou os olhos.

– Ela está rezando? – sussurrou Ding-Dong.

JANE DE LANTERN HILL

Jane estava pensando. Precisava chegar em casa o quanto antes para preparar as batatas à milanesa preferidas de papai. O Jovem John parecia branco como um lençol. E se passasse mal? Ela acreditava que o leão era um mero animal cansado, inofensivo e velho. O pessoal do circo dissera que era dócil como um carneiro. Jane abriu os olhos.

– Vou levar esse leão até Corners e prendê-lo no celeiro vazio de George Tanner – disse. – É isso, a menos que vocês queiram descer comigo e fechá-lo aqui dentro.

– Oh, Jane... Você não teria coragem... Você não pode...

O leão bateu a cauda com força no chão algumas vezes, calando os protestos abruptamente.

– É o que vou fazer – falou Jane. – Estou dizendo, ele é mansinho. Mas não desçam enquanto eu não o levar para bem longe. E não grite, nenhum de vocês.

De olhos arregalados e prendendo a respiração, o grupo observou Jane deslizar pela viga até a parede e escalá-la habilmente até chegar no chão. Ela marchou até o leão e disse: "Venha".

O leão foi.

Cinco minutos depois, o ferreiro Jake MacLean olhou pela porta da oficina e viu Jane Stuart passar conduzindo um leão pela juba... "a poucos passos", jurou ele solenemente. Quando Jane e o leão, que pareciam estar se dando muito bem, sumiram ao dobrarem a esquina, Jack sentou-se e limpou o suor da testa com um lenço.

– Sei que não sou são o tempo todo, mas acho que ainda não enlouqueci de vez.

Julius Evans, ao olhar pela janela da loja, tampouco acreditou no que viu. Não podia ser... Não era possível. Ele tinha que estar sonhando... ou bêbado... ou louco. Sim, era isto: ele enlouquecera. O primo do pai dele não passara um ano no hospício? Essas coisas são de família, não há como negar. Qualquer coisa era mais fácil que acreditar que Jane Stuart passara pela loja dele trazendo um leão.

Mattie Lyons correu para o quarto da mãe, arfando exasperadamente.

– Qual é o problema? – exigiu saber a senhora Louisa. – Você parece uma demente!

– Oh, mamãe, Jane Stuart está trazendo o leão para cá!

A senhora Louisa saiu da cama e foi até a janela a tempo de ver o rabo do leão desaparecer pelo canto da varanda.

– Tenho que saber o que ela está aprontando! – Deixando a aflita Mattie contorcendo as mãos ao lado da cama, ela saiu do quarto e desceu as escadas com a agilidade de seus melhores dias. A senhora Parker Crosby, que morava ao lado e tinha o coração fraco, quase morreu de susto quando viu a senhora Louisa atravessar o jardim.

A senhora Louisa chegou a tempo de ver Jane e o leão atravessar o pasto do senhor Tanner em direção ao celeiro. Ela observou Jane abrir o portão, guiar o animal para dentro e depois fechá-lo e trancá-lo. Em seguida, ela se sentou em uma moita de ruibarbo, e Mattie teve que chamar os vizinhos para levá-la para dentro.

Jane foi até a loja no caminho de casa e pediu a Julius Evans, que ainda estava pálido e inclinado sobre os potes em cima do balcão, que ligasse para Charlottetown e avisasse ao circo que o leão estava em segurança no celeiro do senhor Tanner. Em Lantern Hill, ela encontrou papai na cozinha com expressão estranha.

– Jane, você está diante dos destroços de um homem – disse com extremo desânimo.

– Papai, o que foi?

– O que foi? Você pergunta isso sem nenhuma preocupação? Você não sabe, e espero que nunca saiba, o que é olhar casualmente pela janela da cozinha da senhora Davy Gardiner, em meio a uma discussão sobre o preço baixo dos ovos, e ver sua filha, sua única filha, passear com toda a tranquilidade do mundo ao lado de um leão. Você acharia que ficou louco de uma hora para outra e se perguntaria o que havia no suco de amora que ela lhe ofereceu. Coitada! A cena a deixou abalada, como ela mesma comentou. Ela pode até se recuperar, Jane, mas duvido que voltará a ser a mesma.

– Era só um leão manso e velho – explicou Jane com impaciência. – Não sei por que as pessoas estão tão exaltadas.

– Jane, minha adorada Jane, pelo amor dos nervos do seu pobre pai, não volte a passear com leões por aí, sejam eles mansos ou não.

– Isso provavelmente não acontecerá de novo, papai – disse Jane em tom sensato.

– Provavelmente não – repetiu papai, com alívio grande e aparente. – Compreendo que é improvável que isso se torne um hábito. Porém, se algum dia você decidir adotar um ictiossauro como animal de estimação, peço que me avise com antecedência, Janelet. Não sou mais jovem como costumava ser.

Jane não conseguia compreender o rebuliço que a questão causara. Não se considerava heroína.

– Fiquei com medo dele no começo – contou Jane aos Jimmy Johns. – Mas passou depois que ele bocejou.

– Suponho que agora você se ache especial demais para falar com a gente – disse Caraway Snowbeam, com pesar, depois que a foto de Jane saiu nos jornais. Jane, o celeiro e o leão haviam sido fotografados... separadamente. Todos que os viram se tornaram importantes. E a senhora Louisa Lyons estava extasiada. A foto dela também apareceu nos jornais, com uma foto da moita de ruibarbo.

– Agora, posso morrer feliz – disse a Jane. – Eu não teria suportado se a senhora Parker Crosby tivesse saído nos jornais e eu não. Não faço a mínima ideia do motivo de eles publicarem uma foto dela. Ela não viu você e o leão; apenas eu. Bem, algumas pessoas só ficam felizes quando são o centro das atenções.

Jane entraria para a história de Queen's Shore como a garota que não via nada de mal em passear pelo campo na companhia de um ou dois leões.

– Uma menina absolutamente destemida – disse Pé de Metro, que, por todos os lugares, se gabava de conhecê-la.

– Notei que ela era uma pessoa especial assim que a conheci – contou tio Tombstone. A senhora Snowbeam ressaltou para todo mundo que sempre dissera que nada é capaz de deter Jane Stuart. Quando Ding-Dong Bell e Punch Garland se tornassem velhos, diriam um ao outro: "Lembra-se da vez em que ajudamos Jane Stuart a levar aquele leão até o celeiro dos Tanners? Como fomos corajosos, não é mesmo?".

CAPÍTULO 38

Uma carta de Jody, manchada de lágrimas, rendeu a Jane uma noite ruim no fim de agosto. Ela seria mesmo, afinal, mandada para um orfanato.

"A senhorita West vai vender a pensão e se aposentar em outubro", escreveu Jody. "Já chorei tanto, Jane! Odeio a ideia de ir para um orfanato e nunca mais vê-la, Jane. Oh, é tão injusto! Não quero dizer que a senhorita West é injusta, mas algo nessa história é."

Jane também sentia que algo não estava certo. E achava que o número 60 da Rua da Alegria seria ainda mais intolerável sem as conversas no quintal. Porém, isso não era nada em comparação com a infelicidade de Jody. Jane achava que a vida de Jody seria menos penosa em um orfanato do que era como a escrava do número 58, mas ainda assim não gostava da ideia. Ela parecia tão desanimada que Pé de Metro não pôde deixar de notar quando veio trazer algumas cavalinhas frescas do porto.

– Prepare-as amanhã para o jantar, Jane.

– Amanhã é dia de carne enlatada e repolho – disse Jane em tom escandalizado. – Eu as farei depois de amanhã, na sexta-feira. Obrigada, Pé de Metro.

– Há algo a incomodando, senhorita Domadora de Leões?

Jane abriu o coração para ele.

– Você não imagina como é a vida da coitada da Jody – concluiu.

Pé de Metro assentiu com a cabeça.

– Maltratada, explorada e jogada de um lado para o outro, imagino. Pobre criança.

– E sem ninguém para amá-la além de mim. Se ela for para um orfanato, nunca mais a verei.

– Muito bem – disse Pé de Metro em tom meditativo, coçando a cabeça. – Temos que pensar juntos, Jane, para descobrir o que pode ser feito. Temos que pensar com afinco, Jane, com afinco.

Os esforços de Jane foram em vão; todavia, as reflexões de Pé de Metro foram mais produtivas.

– Estive pensando – disse ele no dia seguinte –, é uma pena as senhoritas Titus não poderem adotá-la. Faz um ano que elas querem adotar uma criança, só que não conseguem chegar a um acordo sobre o tipo de criança que pretendem adotar. Justina quer uma garota, e Violet, um garoto, ainda que ambas prefiram um par de gêmeos de qualquer sexo. Porém, gêmeos à procura de um lar são escassos, de modo que elas desistiram da ideia. Violet quer uma de pele morena e olhos castanhos, e Justina, uma de cabelos loiros e olhos azuis. Violet quer uma de dez anos, e Justina, uma por volta dos sete anos de idade. Quantos anos tem Jody?

– Doze, como eu.

Pé de Metro pareceu perder as esperanças.

– Não sei. Acho que a considerariam grande demais. Mas não custa nada perguntar. Aquelas duas são imprevisíveis.

– Vou visitá-las hoje à noite depois do jantar – decidiu-se Jane.

Ela ficou tão empolgada que acabou colocando sal no purê de maçã e ninguém conseguiu comê-lo. Assim que terminou de lavar os pratos – e naquela noite eles não ficaram orgulhosos da forma como foram lavados –, Jane saiu de casa.

Havia um lindo pôr do sol sobre o porto, e as bochechas de Jane estavam vermelhas por causa dos beijos do vento ao entrar na trilha perfumada e ladeada de árvores que pareciam querer tocá-la. Ao final, havia uma casa bondosa e acolhedora, sazonada pelo brilho de centenas de verões. As irmãs Titus encontravam-se sentadas diante do fogo na cozinha. Justina tricotava, e Violet cortava pedaços cremosos de caramelo, cuja receita Jane ainda não conseguira arrancar delas.

– Entre, querida. Que bom ver você – disse Justina com doçura e sinceridade, embora olhasse com apreensão por cima do ombro de Jane, como se temesse que um leão estivesse à espreita, nas sombras. – A tarde estava tão fresca que decidimos acender o fogo. Sente-se, querida. Violet, dê um pouco de caramelo para ela. Ela está ficando muito alta, não acha?

– E linda – disse Violet com um sorriso. – Gosto dos olhos dela. Você não gosta, irmã?

As senhoritas Titus tinham o hábito curioso de conversar sobre Jane como se ela não estivesse ali. Ela não se importava, ainda que as palavras delas nem sempre fossem elogiosas.

– Prefiro olhos azuis, como você sabe – disse Justina –, mas o cabelo dela é bonito.

– Não é escuro o suficiente para meu gosto – disse Violet. – Sempre admirei cabelos negros.

– O único tipo de cabelo realmente bonito é aquele encaracolado, de um vermelho-dourado – disse Justina. – As maçãs do rosto dela são altas demais, mas o dorso dos pés é admirável.

– Ela é muito bronzeada – suspirou Violet. – Se bem que as pessoas dizem que isso está na moda agora. Tomávamos muito cuidado com nossa pele quando crianças. Mamãe sempre nos fazia usar toucas quando saíamos de casa... toucas cor-de-rosa, lembra-se?

– Cor-de-rosa! Eram azuis – disse Justina.

– Eram cor-de-rosa – afirmou Violet.

– Azuis – insistiu Justina.

Elas discutiram por dez minutos sobre a cor das toucas. Quando Jane percebeu que o debate estava ficando acalorado, mencionou que Miranda Garland iria se casar em duas semanas. As senhoritas Titus se esqueceram das toucas ao ouvirem a novidade.

– Duas semanas? Bem repentino, não é mesmo? É óbvio que vai se casar com Ned Mitchell. Ouvi falar que estavam noivos. Até isso me pareceu precipitado, já que começaram a namorar seis meses atrás. Só não fazia ideia de que iriam se casar tão cedo – disse Violet.

– Ela não quer correr o risco de que ele se apaixone por uma garota mais magra – disse Justina.

– Eles adiantaram o casamento para que eu possa ser a dama de honra – disse Jane com orgulho.

– Ela só tem dezessete anos – desaprovou Justina.

– Dezenove, irmã – disse Violet.

– Dezessete.

– Dezenove.

Jane interrompeu o que parecia ser outra discussão de dez minutos sobre a idade de Miranda ao dizer que ela estava com dezoito anos.

– Oh, bem, é muito fácil se casar – disse Justina. – O problema hoje é continuar casado.

Jane estremeceu. Ela sabia que Justina não tinha a intenção de feri-la. No entanto, papai e mamãe não continuaram casados.

– Acho que a Ilha do Príncipe Edward tem um excelente histórico nesse quesito. São apenas dois divórcios desde a Confederação... sessenta e cinco anos.

– Somente dois divórcios de verdade – explicou Justina. – Mas há vários de fachada. Pelo menos meia dúzia deles. As pessoas vão para os Estados Unidos e se divorciam por lá. E provavelmente haverá muitos outros mais.

Violet lançou um olhar de advertência para Justina que Jane, para sua paz de espírito, não interceptou. Jane concluiu que precisava mencionar o motivo de sua visita o quanto antes. Era inútil esperar por uma chance. Ela teria de criar a própria oportunidade.

– Ouvi dizer que vocês querem adotar uma criança – disse ela sem rodeios.

As irmãs trocaram outro olhar.

– Faz alguns anos que cogitamos a ideia – admitiu Justina.

– Até agora, chegamos ao consenso de que queremos, sim, uma garotinha – disse Violet com um suspiro. – Eu gostaria de um menino; porém, como Justina apontou, nós não sabemos nada sobre roupas de garotos. Seria mais divertido vestir uma menina.

– Uma garotinha de cerca de sete anos, com olhos azuis, cabelos loiros cacheados e lábios delicados como um botão de rosa – disse Justina com firmeza.

– Uma garotinha de dez anos, com olhos e cabelos negros e pele sedosa – disse Violet com a mesma convicção. – Já cedi em relação ao sexo da criança, irmã. É a sua vez de ceder em relação à idade e à compleição.

– Talvez à idade, mas não à compleição.

– Conheço a garota ideal para vocês – anunciou Jane. – É uma amiga minha de Toronto, Jody Turner. Sei que vão amá-la. Deixe-me contar como ela é.

Jane não deixou de fora nada que pudesse ser favorável a Jody. Assim que terminou de dizer o que tinha para dizer, segurou a língua. Jane sempre sabia o momento certo para ficar em silêncio.

As senhoritas Titus também ficaram em silêncio. Justina continuou tricotando, e Violet, depois que terminou de cortar o caramelo, pegou o crochê. De vez em quando, elas trocavam olhares de relance. O crepitar do fogo lhes fazia companhia.

– Ela é bonita? – disse Justina, por fim. – Não iríamos querer uma criança feia.

– Ela será muito linda quando crescer – respondeu Jane com seriedade. – E tem olhos encantadores. Está tão magra agora... e nunca teve roupas bonitas.

– Ela é expansiva? – perguntou Violet, interessada. – Não gosto de meninas que sejam petulantes.

– Nem um pouco – disse Jane. – Mas só porque...

– Gosto de um pouco de vivacidade – disse Justina.

– Ela não usa calças, usa? – perguntou Violet slogo em seguida. – Isso é tão comum hoje.

– Tenho certeza de que Jody não usaria algo que vocês não aprovassem – respondeu Jane.

– Não me incomodaria tanto com garotas que usam calças se elas não as chamassem de calças – explicou Justina. – Mas não pijamas... Nunca, nunca pijamas.

– Certamente não pijamas – disse Violet.

– E se nós a acolhermos e não conseguirmos amá-la? – disse Justina.

– É impossível não amar Jody – avisou Jane. – Ela é tão doce!

– Digamos que... – hesitou Justina – não há perigo de... ela não teria... insetos desagradáveis?

– É claro que não – respondeu Jane, chocada. – Ora, ela mora na Rua da Alegria. – Pela primeira vez na vida, ela descobriu-se defendendo a Rua da Alegria. Até aquele lugar merecia justiça. Jane tinha a mais absoluta convicção de que não havia insetos desagradáveis lá.

– E... se ela tiver... existe uma coisa chamada pente fino – comentou Violet heroicamente.

As sobrancelhas negras de Justina se juntaram.

– Tal artigo jamais foi necessário em nossa família, Violet.

As agulhas voltaram a trabalhar em silêncio, enquanto as duas trocavam olhares. Então, Justina finalmente disse:

– Não.

– Não – disse Violet.

– Os cabelos dela são muito escuros – disse Justina.

– Ela é muito velha – disse Violet.

Jane de Lantern Hill

– Agora que isso está decidido, talvez Jane queira um pouco do creme Devonshire[30] que fiz hoje – disse Justina.

Apesar do creme e da enorme quantidade de peônias que Violet insistiu em lhe dar, Jane foi para casa com o peso da decepção no coração. Surpreendeu-se quando Pé de Metro ficou satisfeito.

– Se elas tivessem dito que vão adotá-la, amanhã você receberia a notícia de que mudaram de ideia. Agora, vai ser o contrário.

Mesmo assim, Jane ficou admirada quando recebeu um bilhete das irmãs Titus no dia seguinte avisando que haviam pensado melhor e decidido adotar Jody. Elas também pediram que Jane fosse até lá ajudá-las com os trâmites necessários.

– Concluímos que ela não é velha demais – disse Violet.

– E que os cabelos dela não são escuros demais – disse Justina.

– Vocês vão amá-la, não tenho dúvida – disse Jane, contente.

– Vamos nos empenhar para sermos as melhores e mais gentis guardiãs legais – disse Justina. – Ela terá aulas de música, é claro. Você sabe se ela gosta de música, Jane?

– Ela adora – disse Jane, lembrando-se do piano do número 58.

– Imagine só colocar presentes na meia dela no Natal! – disse Violet.

– Precisamos de uma vaca – disse Justina. – Ela precisa tomar um copo de leite todas as noites antes de dormir.

– Temos que decorar o quartinho sudoeste para ela – disse Violet. – Acho que eu gostaria de um tapete azul-claro, irmã.

– Ela não deve esperar encontrar aqui as emoções e as extravagâncias insanas da vida moderna – disse Justina em tom solene –, mas tentaremos manter em mente que a juventude precisa de companhia e de prazeres sadios.

– Não será adorável tricotar suéteres para ela? – disse Violet.

– Temos que tirar aqueles patinhos de madeira que o tio fez para nós quando éramos pequenas – disse Justina.

---

30 Creme feito à base da nata do leite, que coalha durante o processo de resfriamento. (N. T.)

231

– Será ótimo ter algo novo para amar – disse Violet. – É uma pena ela não ter uma irmã gêmea.

– Pensando bem, tenho certeza de que concordará que é melhor descobrirmos como lidar com uma criança antes de pensarmos em gêmeos – disse Justine.

– Vocês poderiam adotar um gato? – falou Jane. – Ela ama gatos.

– Creio que não há problema em termos um gato – disse Justina com cautela.

Ficou combinado que, quando Jane voltasse para Toronto, encontraria alguém que estivesse vindo para a Ilha e pudesse acompanhar Jody. Justina solenemente contou e deu a Jane dinheiro suficiente para as despesas de Jody com as passagens e roupas adequadas para a viagem.

– Escreverei o quanto antes para a senhorita West, mas pedirei que ela não conte nada a Jody até que eu volte. Eu mesma quero contar... e ver a reação dela.

– Temos muito que agradecer a você, Jane – disse Justina. – Você realizou o sonho da nossa vida.

– Com certeza – disse Violet.

CAPÍTULO 39

– Se ao menos pudéssemos fazer com que o verão durasse mais tempo... – suspirou Jane.

Contudo, era impossível. Já era setembro, e logo ela teria de voltar a ser Victoria. Mas não antes de casar Miranda Jimmy John. Jane estava tão ocupada ajudando os Jimmy Johns com os preparativos que só passava em Lantern Hill para preparar algo para papai comer. Como dama de honra, teria a chance de usar o vestido de organdi cor-de-rosa com os bordados azuis e brancos que mamãe comprara. No entanto, assim que o casamento acabasse, teria de dizer novamente adeus a Lantern Hill, ao golfo ventoso e prateado, ao lago, ao bosque de Big Donald – que, aliás, seria cortado para dar lugar à pastagem –, ao vento que cantava entre os abetos e às gaivotas brancas que pairavam sobre o porto, a Bubbles, Happy, Primeiro Pedro e Lua. E a papai. Apesar de estar triste, seu coração não estava carregado de desespero como no ano anterior. Ela voltaria no verão seguinte. Isso era certeza.

Reveria mamãe, e não desgostava da ideia de voltar à St. Agatha. E havia a surpresa para Jody... E papai iria com ela até Montreal.

Tia Irene foi até Lantern Hill um dia antes de Jane partir e parecia querer dizer alguma coisa que não sabia exatamente como expressar.

Antes de ir embora, segurou a mão de Jane e a encarou com olhar longo e intenso.

– Se você ouvir alguma notícia antes da primavera, querida...

– Que tipo de notícia? – perguntou Jane com a terrível franqueza que tia Irene achava tão exasperante.

– Oh, não dá para prever... Quem sabe o que pode mudar até lá?

Jane sentiu-se desconfortável por alguns momentos, então deu de ombros. Tia Irene estava sempre dando indiretas misteriosas e fazendo insinuações veladas que grudavam como teias de aranhas. Jane aprendera a não dar ouvidos a ela.

– Nunca consegui compreender aquela criança como gostaria – lamentou tia Irene a uma amiga. – De alguma forma, ela não deixa você se aproximar. Os Kennedys são todos difíceis. A mãe dela parecia feita de rosas e doçura. Porém, por trás da fachada, era dura como pedra. Ela arruinou a vida do meu irmão e fez de tudo... TUDO, pelo que sei... para fazer aquela criança odiá-lo.

– Jane parece gostar muito do pai agora – comentou a amiga.

– Oh, com certeza... Tanto quanto é capaz de gostar de qualquer pessoa. Só que Andrew é um homem muito solitário. E não sei se isso mudará. Ultimamente, tenho me perguntado...

– Se ele finalmente criará coragem para se divorciar nos Estados Unidos e se casar com Lilian Morrow – disse a amiga, abruptamente. Ela era experiente em preencher as lacunas de Irene. A tia pareceu um tanto perplexa pela acurácia daquelas palavras.

– Oh, eu não diria isso... Realmente não sei, mas é evidente que ele deveria ter se casado com Lilian, e não com Robin Kennedy. Eles têm tanto em comum. E, embora eu não aprove o divórcio de maneira geral e ainda ache que isso é um absurdo, existem circunstâncias especiais.

Jane e papai tiveram uma viagem deliciosa até Montreal.

– Como é bom pensar que estamos uma hora mais novos – disse papai ao guardar o relógio no bolso em Campbellton. Ele fez comentários do tipo durante todo o trajeto.

Jane abraçou-o com força na estação de Montreal.

– Querido papai, voltarei no próximo verão.

– É claro – disse ele. E então acrescentou: – Jane, esse dinheiro é para você. Suponho que eles não lhe dão uma boa mesada no número 60 da Rua da Alegria.

– Eu nem tenho mesada... Mas isso não vai lhe fazer falta? – Jane olhava para as notas que ele colocara nas mãos dela. – Cinquenta dólares? É muito dinheiro, papai.

– Esse foi um ano bom para mim, Jane. Os editores foram bondosos. E por algum motivo escrevo mais quando você está por perto. Recobrei um pouco da minha velha ambição neste ano.

Jane, que gastara todo o dinheiro da recompensa pelo leão com coisas para Lantern Hill e presentes para os amigos envolvidos no episódio, guardou as notas na bolsa, refletindo que seriam úteis no Natal.

– Vida, seja gentil com ela... Amor, nunca a abandone – disse Andrew Stuart, olhando para a trilha de vapor do trem que partia para Toronto.

Jane descobriu que a avó redecorara o quarto. Deparou-se com um esplendor maravilhoso de rosa e cinza em vez da antiga melancolia. Um tapete prateado, cortinas cintilantes, poltronas de *chintz*, móveis de cor creme, uma colcha de seda cor-de-rosa sobre a cama. O velho tapete de pele de urso, a única coisa da qual ela realmente gostava, foi embora. Assim como o berço. O espelho grande foi substituído por um redondo e sem moldura.

– Gostou? – perguntou a avó com olhar atento.

Jane lembrou-se do pequeno quarto em Lantern Hill com o assoalho nu, o tapete de pele de carneiro e a cama antiga branca com a colcha de retalhos.

– É muito lindo, vovó. Muito obrigada.

– Felizmente, eu não esperava muito entusiasmo.

Depois que a avó saiu, Jane deu as costas a todo o deslumbre e foi até a janela. As estrelas eram a única coisa familiar. Ela se perguntou se papai estava olhando para elas... Não, é claro que ele ainda não estava em casa. Mas elas estavam todas nos devidos lugares. A Estrela do Norte sobre a Torre de Vigia, Órion brilhando sobre a colina de Big Donald. E Jane soube que jamais voltaria a temer a avó.

– Oh, Jane! – disse Jody. – Oh, Jane!

– Sei que vai ser feliz com as senhoritas Titus, Jody. Elas são um pouco antiquadas, mas muito gentis e têm um jardim adorável. Você não terá de fazer um jardim fincando flores velhas na terra. Verá a famosa trilha de cerejeiras em flor... Eu nunca a vi.

– É como um lindo sonho – disse Jody. – Mas, oh, Jane, detesto ter que abandonar você.

– Estaremos juntas nos verões em vez de nos invernos. Essa será a única diferença, Jody. E as coisas serão muito melhores. Nós nadaremos... Eu lhe ensinarei o *crawl*. Mamãe disse que a amiga dela, a senhora Newton, vai com você até Sackville, onde a senhorita Justina Titus a esperará. E mamãe também comprará algumas roupas para você.

– Imagino se me sentirei assim quando for para o céu – arfou Jody.

Jane sentiu falta de Jody quando ela se foi, mas a vida estava se tornando mais rica. Agora amava a escola. Gostava de Phyllis, e tia Sylvia disse que nunca vira uma criança desabrochar como Victoria. Tio William não levou a melhor dessa vez ao lhe perguntar as capitais. Estava começando a reparar que havia algo especial em Victoria, e Jane descobria que gostava razoavelmente dele. Quanto à avó... bem, Mary disse a Frank que seu velho coração ficava feliz ao ver a senhorita Victoria enfrentar a velha senhora.

– Enfrentar não é a palavra certa. Só que a madame não consegue mais controlá-la como antes. Nada do que ela diz parece perturbar a senhorita Victoria. E como isso a deixa furiosa! Eu a vi ficar lívida de raiva quando fez um comentário realmente venenoso e a senhorita Victoria apenas respondeu em tom respeitoso, como se dissesse que não se importa com o que nenhum dos Kennedys pensa.

– Gostaria que a senhorita Robin aprendesse esse truque – disse Frank. Mary balançou a cabeça.

– É tarde demais. Ela já passou muito tempo sob o domínio da velha senhora. Só a enfrentou uma vez na vida e se arrependeu amargamente, segundo dizem. Além disso, é bem diferente da senhorita Victoria.

Em uma tarde de novembro, mamãe foi de novo visitar a amiga em Lakeside Gardens e levou Jane. A jovem adorou a chance de rever a casa dela. Será que fora vendida? Inacreditavelmente, não. O coração de Jane bateu aliviado. Temia que tivesse sido. Jane não conseguia imaginar o motivo; era tão atrativa! Ela não sabia que o construtor achava que cometera um erro ao construir uma casa pequena em Lakeside Gardens. As pessoas que podiam morar ali queriam casas maiores.

Embora estivesse feliz pelo fato de a casa não ter sido vendida, Jane ressentiu-se inconscientemente por ela não estar iluminada ou aquecida. Detestou o inverno que se aproximava. Seu coração arderia de frio quando chegasse. Jane sentou-se nos degraus e observou as luzes da vizinhança se acenderem, desejando que houvesse uma na casa dela. Como as folhas secas e marrons ainda presas nos carvalhos farfalhavam sob o vento da noite! Como as luzes ao redor do lago cintilavam entre as árvores da ravina! E como ela odiava, sim, positivamente odiava o homem que compraria aquela casa!

– Não é justo – disse Jane. – Ninguém vai amá-la como eu. Ela realmente pertence a mim.

Na semana antes do Natal, Jane comprou os ingredientes para um bolo de frutas com o dinheiro que ganhara de papai e foi para a cozinha. Então, mandou-o para papai. Não pediu permissão para ninguém; simplesmente o fez. Mary ficou de boca fechada, e a avó não soube de nada. Entretanto, ela o teria feito de qualquer forma.

Uma coisa tornou o dia de Natal daquele ano memorável para Jane. Logo após o café da manhã, Frank entrou na sala e disse que havia uma chamada de longa distância para a senhorita Victoria. Jane foi até o saguão com olhar bastante intrigado... Quem poderia ser? Levou o fone até o ouvido.

– Mensagem de Lantern Hill para Jane Superior! Feliz Natal e muito obrigado pelo bolo. – A voz de papai soou distintamente, como se eles estivessem na mesma sala.

– Papai! – arfou Jane. – Onde você está?

– Aqui em Lantern Hill. Este é meu presente de Natal para você, Janelet. Três minutos a milhares de quilômetros.

Provavelmente duas pessoas nunca falaram tanto em três minutos. Quando Jane voltou para a sala de jantar, suas bochechas tinham uma cor viva, e seus olhos brilhavam como joias.

– Quem era, Victoria? – perguntou a avó.

– Papai – respondeu Jane.

Mamãe refreou um soluço que me pareceu bastante aflitivo. A avó virou-se para ela furiosamente.

– Você acha mesmo que ele deveria ter telefonado? – perguntou com frieza.

– Acho – disse Jane.

CAPÍTULO 40

No fim de um dia azul e prateado de março, Jane fazia as lições no quarto e se sentia muito feliz. Recebera uma carta arrebatadora de Jody naquela manhã – todas as cartas dela eram arrebatadoras – com um monte de notícias interessantes de Queen's Shore. Ela fizera aniversário na semana anterior e agora estava entrando na adolescência, e a sorte lhe sorriu duas vezes naquela tarde. Tia Sylvia levara Phyllis e ela para uma expedição de compras, e Jane escolheu dois itens adoráveis para Lantern Hill: uma bela tigela de cobre antiga e um batedor de latão cômico para a porta da frente. Era a cabeça de um cachorro com a língua pendurada para fora e olhos risonhos como os de um cão de verdade.

A porta abriu-se, e mamãe entrou, toda arrumada para um jantar em um restaurante. Usava um vestido cinturado de tafetá em tom de mármore maravilhoso, com um laço de veludo safira nas costas e um casaco de veludo azul sobre os ombros delicados. Os sapatinhos eram azuis, com saltos finos e dourados, e os cabelos estavam presos em um estilo novo, penteados para trás, com uma fileira de cachos intrincados ao redor do pescoço.

– Oh, mamãe, você está perfeita – disse Jane, admirando-a com adoração. Em seguida, acrescentou algo que jamais pretendia dizer, algo que pareceu escapar pelos lábios por conta própria: – Gostaria que papai pudesse vê-la agora.

Jane endireitou as costas, aturdida e consternada. Recebera ordens para nunca mencionar papai à mamãe, e foi o que fez. Mamãe parecia ter recebido um tapa.

– Creio que ele não teria o menor interesse – disse mamãe, com expressão séria e um tom de amargura quase palpável.

Jane não disse nada. Não havia nada para dizer. Como ela sabia se papai tinha interesse em vê-la ou não? Ainda assim... ainda assim... Jane tinha certeza de que ele ainda a amava.

Mamãe sentou-se em uma das poltronas de *chitz* e olhou para Jane.

– Filha, vou lhe contar uma coisa sobre meu casamento. Não sei o que você ouviu do outro lado da história. Há outro lado, é claro, mas quero que ouça o meu. É melhor que você saiba. Eu deveria ter contado antes, mas isso me machuca muito.

– Não precisa contar agora se isso a machuca – disse Jane com candura. (Pensando: "já sei mais do que imagina".)

– Preciso. Há algumas coisas que quero que entenda. Não quero que me culpe demais.

– Não a culpo nem um pouco, mamãe.

– Oh, tenho uma boa parcela de culpa. E percebo isso agora, que é tarde demais. Eu era tão jovem e tola, uma recém-casada alegre e sem nenhuma preocupação. Eu... eu... fugi para me casar com seu pai, Jane.

Jane assentiu com a cabeça.

– O que você sabe, Jane?

– Apenas que você fugiu e foi muito feliz no começo.

– Feliz? Oh, Jane Victoria. Eu fui... fui... muito feliz. Porém, meu casamento foi... um erro lamentável.

(Aquilo soava como algo que a avó teria dito.)

– Eu não deveria ter tratado minha mãe assim... Eu era tudo que lhe restara depois que papai morreu. No entanto, ela me perdoou.

(E começou a conspirar contra você e papai.)

– Fomos felizes durante o primeiro ano, Jane Victoria. Eu venerava Andrew... Aquele sorriso... você conhece o sorriso dele.

(Eu conheço?)

– Nós nos divertíamos tanto juntos... Lendo poesia ao redor da fogueira no porto... Aquelas fogueiras eram um ritual nosso... A vida era maravilhosa. Eu costumava saudar os dias de braços abertos naquela época, com a mesma intensidade com que fujo deles hoje. Só tivemos uma discussão naquele primeiro ano. Já me esqueci do motivo; era algo tolo. Beijei a testa dele, e tudo voltou a ficar bem. Não havia mulher mais feliz que eu no mundo. Se ao menos isso tivesse durado!

– Por que não durou, mamãe?

– Eu... não sei explicar. É claro que eu não era uma boa dona de casa; todavia, não acho que foi por isso. Eu não sabia cozinhar, mas nossa empregada até que se saía bem no fogão, e tia Em costumava vir me ajudar. Ela era um amor. E eu sempre gastava mais do que podia... Minhas contas davam um resultado diferente cada vez que eu as refazia. Mesmo assim, Andrew só dava risada disso. Então você nasceu.

– E isso gerou todos os problemas – exclamou Jane. Aquele pensamento amargo e irritante persistia na mente dela.

– Não de início... Oh, Jane Victoria, querida, não de início. Mas Andrew nunca mais foi o mesmo.

(Eu me pergunto se não foi você que mudou, mamãe.)

– Ele tinha ciúme do meu amor por você, Jane Victoria.

(Não era ciúme.... não era. Ele ficou magoado. Não queria o segundo lugar depois de ter ocupado o primeiro em sua vida. Pelo menos achava que estava em segundo plano.)

– Ele dizia "a sua criança", "a sua filha", como se você não fosse dele também. Ora, ele costumava tirar sarro de você. Uma vez ele disse que seu rosto parecia o de um macaco.

(E nenhum Kennedy sabe o que é uma piada.)

– E você não tinha... Você era a coisinha mais linda do mundo. Ora, minha querida, você era um milagre precioso. Era tão divertido aninhá-la no berço e observá-la enquanto dormia...

(E você também não passava de uma criança, mamãe.)

– Andrew ficou bravo porque deixei de sair com ele como antes. E como poderia? Teria sido ruim para você ir, e eu não seria capaz de abandoná-la. Mas ele não se importava de verdade... exceto no começo. Preocupava-se mais com aquele livro que comigo. Passava dias trancado no escritório e se esquecia de mim.

(E, ainda assim, você acha que ele era o único ciumento.)

– Acho que eu simplesmente não era capaz de viver com um gênio. É claro, eu sabia que não era inteligente o bastante para ele. Irene me fez enxergar isso. E ele se importava mais com ela que comigo.

(Oh, não... Não é nada disso!)

– Ele dava muito mais ouvidos a ela que a mim. Contava as coisas primeiro para ela, depois para mim.

(Porque ela sempre as arrancava antes que papai estivesse pronto para contá-las.)

– Ele me achava tão infantil que sempre a consultava primeiro antes de me consultar quando tinha alguma ideia. Ela gostava de me humilhar, eu acho. Era tão doce e sorridente...

(Posso imaginar!)

– ... mas vivia me diminuindo. E me tratava com condescendência.

(Sei como é!)

– "Notei que..." ela dizia. Era como se estivesse me espiando o tempo inteiro. Andrew dizia que eu era exagerada e sempre ficava do lado dela. Irene nunca gostou de mim. Ela queria que Andrew se casasse com outra mulher. Contaram-me que ela falou que soube, desde o início, que nosso casamento seria um fracasso.

(E deu o melhor de si para que isso se concretizasse.)

– Ela fez de tudo para nos separar pouco a pouco, dia após dia. Não havia nada que eu pudesse fazer.

(Talvez se você tivesse um pouquinho de coragem, mamãe...)

– Andrew ficava chateado por eu não gostar dela; todavia, odiava minha família. Não conseguia falar de sua avó sem insultá-la nem queria que eu a visitasse, que eu comprasse presentes com o dinheiro dela... Oh, Jane Victoria, o último ano foi horrível. Andrew só olhava para mim quando era absolutamente necessário.

(Porque doía demais.)

– Era como se eu estivesse casada com um estranho. Trocávamos farpas constantemente.

(O verso da Bíblia que li ontem a noite, "a língua tem poder sobre a vida e sobre a morte", é verdade... é verdade!)

– Então sua avó me escreveu pedindo que a visitasse. Andrew disse: "Vá, se quiser"... simples assim. Irene falou que isso daria uma chance para os ânimos se acalmarem.

(Posso imaginá-la sorrindo ao dizer isso.)

– E eu fui. E... e... mamãe quis que eu ficasse com ela. Ela podia ver que eu estava muito infeliz.

(E aproveitou a chance.)

– Eu não podia continuar vivendo com uma pessoa que me odiava, Jane Victoria... Eu não podia... Por isso eu... escrevi para ele dizendo que seria melhor para os dois se eu não voltasse. Eu não sei... Aquela situação parecia irreal... Se ele tivesse escrito pedindo que eu voltasse... Mas ele não escreveu. Eu nunca mais ouvi falar dele... Até que aquela carta chegou para você.

Jane ficou em silêncio, refletindo enquanto a mãe falava, até que não conseguiu mais aguentar.

– Ele ESCREVEU para você... Escreveu pedindo que voltasse e nunca teve resposta... Você não respondeu, mamãe.

Mãe e filha se entreolharam no silêncio do quarto grande, belo e impessoal. Depois de um tempo, mamãe sussurrou:

– Nunca recebi a carta, Jane Victoria.

Elas não disseram mais nada sobre a carta. As duas sabiam muito bem o que acontecera com ela.

– Mamãe, ainda não é tarde demais.

– Sim, é tarde demais, querida. Nossos caminhos tomaram rumos diferentes. Não posso abandonar sua avó novamente... Ela jamais me perdoaria, e ela me ama muito. Sou tudo o que ela tem.

– Que bobagem! – Jane foi brusca como só um Stuart seria. – Ela tem tia Gertrude, tio William e tia Sylvia.

– Não... não é a mesma coisa. Ela não amava o pai DELES. E... não posso confrontá-la. Além disso, ele não me quer mais. Somos dois estranhos. Oh, Jane Victoria, a vida está escapando como areia pelos meus dedos. Quanto mais tento agarrá-la, mais rápido ela se esvai. Perdi você.

– Nunca, mamãe!

– Sim, você pertence mais a ele que a mim. Não a culpo... E a cada ano você pertencerá a ele um pouquinho mais, até que não sobrará nada para mim.

A avó entrou. Ela olhou para as duas com desconfiança.

– Você se esqueceu de que vai jantar fora, Robin?

– Acho que sim – respondeu mamãe de um jeito estranho. – Não se preocupe, já me lembrei. Eu... não esquecerei mais.

A avó continuou no quarto depois que mamãe saiu.

– O que você disse que aborreceu sua mãe, Victoria?

Jane encarou a avó.

– O que aconteceu com a carta que papai escreveu para ela muito tempo atrás, pedindo que ela voltasse para ele, vovó?

Os olhos frios e cruéis de repente arderam em chamas.

– Então, é isso? Você acha que isso é da sua conta?

– Sim, eu acho, já que sou filha deles.

– Fiz o que era certo: eu a queimei. Sua mãe já havia percebido o erro que cometera. Ela voltou para mim, como sempre soube que voltaria.

JANE DE LANTERN HILL

Eu não ia permitir de maneira alguma que fosse enganada de novo. Não comece a tramar, Victoria.

– Ninguém está tramando nada – disse Jane. – Só quero lhe contar uma coisa, vovó. Meu pai e minha mãe ainda se amam... EU SEI.

A voz da avó soou como uma pedra de gelo.

– Eles não se amam. Sua mãe foi feliz durante todos esses anos até você começar a remexer lembranças antigas. Deixe-a em paz. Ela é minha filha. Nenhum estranho ficará entre nós outra vez, seja Andrew Stuart, seja você ou seja qualquer outra pessoa. E é melhor não se esquecer disso.

CAPÍTULO 41

As cartas chegaram na tarde do último dia de março. Jane não estava na St. Agatha. Tivera um pouco de dor de garganta no dia anterior, e mamãe achou melhor ela ficar em casa. Agora Jane já se sentia melhor e estava razoavelmente feliz. Abril estava logo ali... Ainda não era primavera, mas ela já podia sentir a estação. Só faltavam dois meses para seu encontro marcado com junho e Lantern Hill. Enquanto isso, planejava melhorias no jardim, uma fileira de nobres alceias ao longo do dique nos fundos. Plantaria as sementes em agosto, e as flores desabrochariam no PRÓXIMO verão.

A avó, tia Gertrude e mamãe foram até a casa da senhora Morrison jogar *bridge* e tomar chá, de modo que Mary levou a correspondência da tarde para Jane, que deu pulinhos de alegria ao ver que recebera três cartas. Uma de Polly, uma de Shingle e outra... Jane reconheceu a letra rebuscada de tia Irene.

Leu a de Polly primeiro... uma boa carta, divertida e cheia de piadinhas relacionadas a Lantern Hill. Trazia uma notícia de papai: ele planejava uma viagem aos Estados Unidos em breve. Boston, Nova Iorque ou alguma cidade do tipo. Polly fora um tanto vaga. E Polly concluiu com um parágrafo que fez Jane dar boas risadas, as primeiras em muito tempo e as últimas de sua infância, era a impressão que Jane teria ao relembrar-se disso anos depois.

Polly escreveu: "O senhor Julius Evans ficou encolerizado semana passada. Um rato afogou-se no barril novo de xarope de bordo, e ele fez o maior escarcéu por causa do desperdício. Como papai não tem certeza se ele vai mesmo ser desperdiçado, vamos começar a comprar o nosso xarope de Joe Baldwin, por segurança".

Jane ainda ria disso quando abriu a carta de Shingle. Um parágrafo na segunda página lhe chamou a atenção.

"Todo mundo está dizendo que seu pai vai arranjar um divórcio ianque e se casar com Lilian Morrow. Ela vai se tornar sua mãe? O que você pensa a respeito? Creio que ela será sua madrasta, o que soa engraçado, já que sua mãe ainda está viva. Seu nome vai mudar? Caraway disse que não... Se bem que eles fazem umas coisas muito esquisitas nos Estados Unidos. Enfim, espero que isso não interfira em suas férias de verão em Lantern Hill."

Jane sentiu-se literalmente doente de agonia ao soltar a carta e pegar a de tia Irene. Perguntara-se tanto o que a tia poderia ter escrito... e agora sabia.

Tia Irene suspeitava de que Andrew pretendia morar nos Estados Unidos tempo suficiente para conseguir um divórcio.

"É claro, pode não ser verdade, querida. Ele não me disse nada. Mas é o que estão comentando por toda a cidade, e onde há muita fumaça deve haver pelo menos uma centelha. Acho que você deveria se preparar, querida. Sei que vários amigos dele o aconselharam a se divorciar tempo atrás. Mas, como ele nunca me consultou, eu não disse que ele deveria nem que não deveria fazer isso. Por algum motivo que me escapa, ele perdeu a confiança em mim nesses últimos dois anos. Entretanto, há muito tempo sinto que ele está insatisfeito com a própria vida. Tenho certeza de que isso não a preocupará. Eu não teria contado se achasse que você ficaria aflita. Você é tão ajuizada... Sempre ouço como você é madura para a sua idade. Porém, se isso for verdade, é evidente que fará diferença para você. Ele pode se casar novamente."

Se você já viu uma vela ser apagada, então sabe como Jane caminhou cegamente até a janela. Era um dia modorrento, com ocasionais pancadas de chuva. Jane olhou para a rua cruel, repulsiva e implacável, mas não a viu. Nunca sentira tamanha vergonha, tanta infelicidade. Não obstante, era como se já devesse saber que isso ia acontecer. Houve um indício ou dois no verão passado... Ela se lembrou do "Drew" carinhoso de Lilian Morrow e de como papai desfrutara da companhia dela. E agora... Se aquela suspeita hedionda fosse verdadeira, ela nunca mais passaria outro verão em Lantern Hill. Será que eles se ATREVERIAM a morar em Lantern Hill? Lilian Morrow, a mãe dela! Que bobagem! Ninguém jamais seria a mãe dela além da mamãe. Era algo impensável. Mesmo assim, Lilian Morrow seria a esposa de papai.

Aquilo vinha acontecendo nas últimas semanas, enquanto ela se sentia muito feliz, à espera de junho.

"Acho que não vou voltar a me sentir contente outra vez", pensou Jane com tristeza. De repente, nada parecia ter sentido. Ela sentia como se estivesse distante de tudo, olhando para a vida pelo lado errado do telescópio de Timothy Salt. Parecia fazer anos que ela rira da história do xarope de bordo desperdiçado, ou não, do senhor Evans.

Jane andou de um lado para outro no quarto pelo restante da tarde. Não ousou se sentar nem por um momento. Era como se, enquanto continuasse se movendo, a dor seria suportável. Se parasse, ela a esmagaria. A mente de Jane voltou a funcionar lá pela hora do jantar. Precisava descobrir a verdade e sabia o que precisava fazer para isso. E tinha que agir imediatamente.

Ela contou o dinheiro que sobrara do presente de papai. Sim, havia o suficiente para uma passagem só de ida para a Ilha. Não teria nem um centavo para as refeições ou para um vagão de luxo, mas isso não importava. Jane sabia que não conseguiria comer ou dormir até que tivesse alguma resposta. Mary havia posto a mesa do jantar na sala de café da manhã, e Jane desceu e tentou comer alguma coisa para que ela não percebesse nada.

Mary percebeu.

– Sua garganta piorou, senhorita Victoria?

– Não, minha garganta está melhor – respondeu Jane. A própria voz soava estranha aos ouvidos dela, como se pertencesse a outra pessoa.

– Você sabe a que hora mamãe e vovó voltarão para casa, Mary?

– Elas voltarão tarde, senhorita Victoria. Você sabe que sua avó e tia Gertrude vão jantar na casa de seu tio William e depois vão se encontrar com algumas amigas de antigamente, e sua mãe vai a uma festa. Ela só voltará depois da meia-noite, mas Frank buscará a velha senhora às onze.

O trem partia às dez. Jane teria todo o tempo de que precisava. Ela subiu e fez uma mala de mão pequena, com alguns itens necessários e uma caixa de biscoitos de gengibre que estavam sobre a mesa do quarto. A escuridão lá fora parecia encará-la ameaçadoramente. A chuva batia na janela. O vento parecia solitário soprando entre os elmos desfolhados. Jane achava que a chuva e o vento eram seus amigos, mas agora pareciam inimigos.

Tudo a machucava. Sua vida inteira parecia desraigada e murcha. Ela colocou o chapéu e o casaco, pegou a bolsa, foi até o quarto da mãe e prendeu um bilhete no travesseiro dela. Em seguida, desceu as escadas. Mary e Frank estavam jantando na cozinha, e a porta estava fechada. Com muito cuidado, telefonou e pediu um táxi; quando chegou, ela já o esperava do lado de fora. Desceu os degraus do número 60 da Rua da Alegria e passou pelos portões de ferro austeros pela última vez.

– Para a estação Union – disse ao motorista. Eles se afastaram lentamente pela rua molhada que se assemelhava a um rio negro, onde as luzes se afogavam. Jane ia pedir a verdade à única pessoa que podia lhe contar: papai.

CAPÍTULO 42

Jane deixou Toronto na quarta-feira à noite. Na noite de sexta-feira, chegou à Ilha. O trem singrava a terra encharcada. Sua Ilha não parecia deslumbrante naquela época; era como qualquer outro lugar sob a feiura do início da primavera. As bétulas brancas e esguias nas colinas escuras eram a única coisa bonita. Jane passara a viagem inteira sentada com as costas tensas, dia e noite, alimentando-se dos biscoitos que conseguia engolir. Ela mal se moveu, mas sentiu o tempo todo como se estivesse correndo, correndo, tentando alcançar alguém na estrada, alguém que se afastava cada vez mais.

Ela não continuou até Charlottetown. Desceu em West Trent, uma pequena estação secundária onde o trem parava quando solicitado. Ficava apenas a oito quilômetros de Lantern Hill. Jane podia ouvir com clareza o rugido do oceano distante. Teria ficado extasiada, em outra ocasião, com aquela música que viajava através da noite escura e fresca da costa norte. Agora, mal prestava atenção nela.

A chuva parara. A estrada era acidentada e cheia de poças d'água. Jane caminhava por elas desatenta. Os pináculos dos pinheiros se destacaram contra a lua que surgiu. As poças se transformaram em piscinas de fogo e prata. As casas pareciam estranhas, remotas, como se tivessem fechado as portas para ela. Os abetos pareciam lhe dar as costas. Ao longe, ela viu a luz de uma casa no topo de uma colina enluarada e repleta de árvores que lhe era familiar. Será que havia uma luz acesa em Lantern Hill ou papai estava fora?

Um cachorro conhecido parou para falar com ela, mas Jane o ignorou. Um carro passou de raspão com suas luzes intensas, sujando-a de lama da cabeça aos pés. Tratava-se de Joe Weeks, que, sendo primo da senhora Meade, tinha o hábito de família do malapropismo e contou à esposa, ao chegar em casa, que avistara Jane Stuart ou uma "operação". Jane realmente se sentia como uma aparição. Era como se estivesse caminhando havia séculos, como se ainda faltassem séculos para chegar ao seu destino naquele mundo espectral.

Ela passou pela casa de Little Donald, com a luz acesa na sala. Quando eram cerradas à noite, as cortinas vermelhas ganhavam um brilho róseo. Em seguida, havia a casa de Big Donald e, por fim, a estrada para Lantern Hill.

Havia uma luz acesa na cozinha!

Jane tremia enquanto se aproximava da janela, passando pelo jardim desamparado e enlameado, onde as papoulas sedosas já balançaram alegremente ao vento. Que regresso ao lar tão diferente daquele que ela planejara!

Ela espiou. Papai lia à mesa. Usava o velho terno de *tweed* e a bela gravata cinza com pontinhos vermelhos minúsculos que Jane escolhera no último verão. Com o Velho Desprezível na boca, suas pernas estavam apoiadas no sofá, onde os dois cachorros e o Primeiro Pedro dormiam. Lua estava encostado na base da lamparina a gás, sobre a mesa. Em um canto, havia um monte de louça suja. Mesmo naquele momento, Jane sentiu um aperto no peito diante daquela visão.

Um instante depois, Andrew Stuart ergueu os olhos e surpreendeu-se ao ver a filha parada na frente dele, com os pés molhados, coberta de lama, lívida e com um olhar tão infeliz que um temor surgiu na mente dele. Será que a mãe dela...?

– Deus do céu, Jane!

Literalmente tremendo de medo, Jane disparou a pergunta que viera de tão longe fazer.

– Papai, você vai mesmo se divorciar da mamãe e se casar com a senhorita Morrow?

Ele a encarou por um instante. Então:

– Não! – gritou. E de novo: – Não... não... não! Jane, quem lhe disse uma coisa dessas?

Jane respirou fundo, tentando compreender que o longo pesadelo chegara ao fim. Ela não podia... não de início.

– Tia Irene mandou uma carta para mim dizendo que você vai para Boston. E que...

– Irene! Irene está sempre com caraminholas na cabeça. Ela tem boas intenções, mas... Jane, ouça-me, de uma vez por todas. Sou marido de uma única esposa, e isso jamais mudará.

Ele hesitou e olhou para a filha. Jane, que nunca chorava, estava chorando. Ele a abraçou.

– Jane, minha querida tolinha! Como pôde acreditar nisso? Gosto de Lilian Morrow e sempre gostei. Mas não conseguiria amá-la nem em um milhão de anos. Sim, é claro que vou para Boston. Tenho ótimas notícias, Jane. Meu livro finalmente foi aceito. Vou viajar para acertar os detalhes com meus editores. Querida, você veio a pé de West Trent? Ainda bem que pendurei uma lua cheia lá fora! Você está pingando. O que precisa é de um bom chocolate quente; vou prepará-lo. Olhem quem está aqui, cães. Ronrone, Pedro. Jane está em casa.

CAPÍTULO 43

Andrew Stuart mandou chamar um médico no dia seguinte, e algumas horas depois uma enfermeira chegou. Espalhou-se por Queen's Shore e Corners a notícia de que Jane Stuart estava muito doente e com um tipo perigoso de pneumonia.

Jane não conseguiu se lembrar de quase nada daqueles primeiros dias. Teve delírios praticamente desde o começo da doença. Rostos surgiam e desapareciam em borrões: a expressão de angústia de papai, um médico sério e preocupado, uma enfermeira com uma capa branca... Por fim, outro rosto: AQUELE só podia ser um sonho, mamãe não podia estar ali, mesmo que Jane pudesse sentir o suave perfume de seus cabelos. Mamãe estava muito longe, em Toronto.

Jane tampouco tinha noção de onde estava. Só sabia que era uma brisa perdida, à procura de uma palavra perdida para sempre. Apenas quando encontrasse tal palavra é que ela voltaria a ser Jane Victoria. Em certo momento, teve a impressão de ouvir uma mulher chorar em desespero e alguém dizer "Ainda há esperança, querida, ainda há esperança". E depois, muito tempo depois: "esta noite as coisas vão mudar, de um jeito ou de outro".

– E então... – disse Jane clara e distintamente, pegando todos de surpresa no quarto –, encontrarei minha palavra perdida.

Jane não saberia dizer quanto tempo se passou até ter consciência de que era Jane outra vez, não mais uma brisa à deriva.

"Estou morta?", Jane se perguntou. Ergueu os braços com dificuldade. Estavam terrivelmente magros, e ela conseguiu mantê-los erguidos apenas por um segundo, mas concluiu que estava viva.

Ela estava sozinha, não em seu quartinho em Lantern Hill, mas no de papai. Podia ver pela janela o golfo reluzente e o céu de um anil etéreo sobre as dunas assombradas. Alguém – Jane descobriu mais tarde que fora Jody – encontrara as primeiras anêmonas e as colocara em um vaso ao lado da cama.

"Tenho... certeza... de que a casa... está escutando", pensou Jane.

O que ela ouvia? Duas pessoas que pareciam estar sentadas nos degraus da escada. Jane sentiu que sabia de quem eram as vozes, mas a resposta lhe escapou. Frases esporádicas chegavam até ela, ainda que abafadas. Na hora, elas não significaram nada, mas Jane não as esqueceu... Ela nunca as esqueceu.

"Querida, não tive intenção de dizer aquelas coisas horríveis..."

"Se eu tivesse recebido a sua carta..."

"Coitadinha do meu amor..."

"Você pensou em mim todos esses anos?..."

"Não pensei em mais nada, minha amada..."

"Quando seu telegrama chegou, mamãe disse que eu não deveria... Ela disse coisas terríveis, como se alguma pudesse me impedir de ficar perto de Jane..."

"Fomos tão tolos... É tarde demais para sermos sensatos, Robin?"

Jane queria ouvir a resposta àquela pergunta. Queria mais que tudo. Sentia que, por algum motivo, ela era tremendamente importante para todo mundo. Porém, um vento muito forte veio do mar e fechou a porta.

JANE DE LANTERN HILL

– Agora, jamais vou saber – sussurrou com pesar à enfermeira que entrara no quarto.

– Saber o quê, querida?

– O que ela respondeu... A mulher nos degraus... A voz dela é igual à de mamãe.

– É a sua mãe, querida. Seu pai lhe mandou um telegrama assim que cheguei. Ela esteve aqui o tempo todo. E, se você for boazinha e não se exaltar, poderá vê-la por alguns minutos nesta noite.

– Então – disse Jane debilmente –, mamãe enfim confrontou a vovó.

Entretanto, vários dias se passaram até Jane conseguir ter a primeira conversa de verdade com papai e mamãe. Eles entraram juntos, de mãos dadas, e pararam diante dela. Jane sabia que havia três pessoas tremendamente felizes no quarto. Ela nunca os vira daquele jeito. Eles pareciam ter bebido da fonte da vida, e a agora tinham voltado a ser dois jovens enamorados.

– Jane – disse papai –, duas pessoas extremamente tolas ganharam um pouco de sabedoria.

– A culpa é toda minha por não termos aprendido tempos atrás – disse mamãe. Havia lágrimas na voz dela, e também alegria.

– Mulher! – Como era deliciosa a forma como papai dizia "mulher"! E a risada de mamãe... Era uma risada ou o badalar de sinos? – Não permitirei que você insulte minha esposa. Sua culpa, até parece! Não deixarei que tire um grama da culpa que carrego. Olhe para ela, Jane... Olhe para o meu amor. Que sorte a sua em poder escolhê-la como mãe. No instante em que a vi, eu me apaixonei como se fosse a primeira vez. E, agora, todos nós vamos partir em busca dos dez anos perdidos.

– E moraremos em Lantern Hill? – perguntou Jane.

– Sempre que não estivermos morando em outro lugar. Temo que, com duas mulheres nas mãos, nunca terminarei meu épico sobre a vida de Matusalém, Jane. Mas haverá compensações. Acho que teremos uma lua de mel. Quando você estiver melhor, Jane Superior, fugiremos para

Boston. Tenho que cuidar dos detalhes do meu livro, você sabe. Em seguida, passaremos o verão aqui, e no outono... A verdade é que me ofereceram o cargo de editor assistente no *Saturday Evening* com um ótimo salário. Eu pretendia recusar, mas acho que aceitarei. O que acha, Jane? Os invernos em Toronto... e os verão em Lantern Hill?

– E nunca mais teremos de nos despedir outra vez, não é? Oh, papai! Mas...

– Chega de "mas". O que a aflige, querida?

– Nós... vamos morar no número 60 da Rua da Alegria?

– De forma nenhuma! Teremos nossa casa, é óbvio. Como se vive é muito mais importante do que onde se vive. E precisamos de um teto sobre nossas cabeças.

Jane pensou na casinha em Lakeside Gardens. Ela ainda não havia sido vendida. Eles a comprariam. Ela ganharia vida... Eles lhe dariam vida. Suas janelas frias brilhariam, dando boas-vindas. A avó, que guardava o número 60 da Rua da Alegria como uma rainha velha e amarga, com os olhos brilhantes e venenosos, clemente ou inclemente, nunca mais criaria problemas para eles. Não haveria mais mal-entendidos. Ela, Jane, compreendia os dois e podia interpretá-los um para o outro. Além de cuidar da casa. Tudo se encaixava como se tivesse sido planejado havia muito tempo.

– Oh, papai – exclamou a mais feliz de todas as Janes –, conheço a casa ideal.

– É claro que conhece – disse papai.

FIM